VERHEISSUNGEN ÜBER JESUS

VERHEISSUNGEN IN BESONDEREN SITUATIONEN

VERHEISSUNGEN DER ZUSICHERUNG

VERHEISSUNGEN ZUM CHRISTENLEBEN

Vorwort

Glauben Sie, dass Gott Ihnen nahe ist? Er möchte, dass Sie sich bewusst werden, dass er mitten in Ihrem Leben gegenwärtig ist. Er ist bei Ihnen, egal wo Sie sind. Im Auto, im Flugzeug, im Büro, im Schlafzimmer, in Ihrem Hobbyraum. Er ist ganz nahe.

Er nimmt an unseren Fahrgemeinschaften und unserem Herzenskummer teil und trauert mit uns, wenn ein geliebter Mensch stirbt. Am Montag ist er uns so nahe wie am Sonntag. Im Klassenzimmer wie in der Kirche. Bei der Kaffeepause genauso wie beim Abendmahl.

Deshalb spricht uns sein Wort so konkret im Alltag an. Sein Wort richtet sich nicht an Fremde in einer fernen Galaxie. Es ist an Sie und mich gerichtet. Es spricht unsere Bedürfnisse, unsere Hoffnungen und unsere Träume an.

Ich bete, dass dieses Büchlein über Gottes Verheißungen Sie daran erinnert, dass er immer nahe ist, egal wo Sie im Leben stehen und wie Ihr Lebensweg verläuft. Mögen Sie beim Lesen erkennen, dass seine Verheißungen der Ausdruck seiner persönlichen Liebe zu Ihnen sind.

Seine Treue steht außer Zweifel. Er ist fest entschlossen, die Welt zu ändern. Er ist ganz nahe zu Ihnen gekommen.

MAX LUCADO

Verheißungen,
die
zu Erkenntnissen verhelfen

Verheißungen zu Liebe

Die Liebe ist geduldig und freundlich.
Sie ist nicht neidisch oder überheblich, stolz oder anstößig.
Die Liebe ist nicht selbstsüchtig. Sie lässt sich nicht reizen,
und wenn man ihr Böses tut, trägt sie es nicht nach.
Sie freut sich niemals über Ungerechtigkeit,
sondern sie freut sich immer an der Wahrheit.
Die Liebe erträgt alles, verliert nie den Glauben,
bewahrt stets die Hoffnung und bleibt bestehen,
was auch geschieht.
1. KORINTHER 13,4–7

Wir haben erkannt, wie sehr Gott uns liebt,
und wir glauben an seine Liebe.
Gott ist Liebe, und wer in der Liebe lebt,
der lebt in Gott und Gott lebt in ihm.
1. JOHANNES 4,16

... denn der Vater selbst hat euch lieb,
weil ihr mich liebt und glaubt,
dass ich von Gott ausgegangen bin.
JOHANNES 16,27

So gebe ich euch nun ein neues Gebot:
Liebt einander. So wie ich euch geliebt habe,
sollt auch ihr einander lieben.
Eure Liebe zueinander wird der Welt zeigen,
dass ihr meine Jünger seid.
JOHANNES 13,34–35

Eine Anmerkung von Max

Liebe

Unsere Liebe hängt vom Liebesempfänger, vom Liebesobjekt ab. Wenn tausend Menschen an uns vorbeiziehen, bringen wir nicht allen dieselben Gefühle entgegen. Unsere Liebe wird von ihrem äußeren Erscheinungsbild und ihrer Persönlichkeit bestimmt. Auch wenn wir einige gerne mögen, unterliegen unsere Gefühle Schwankungen. Die Art und Weise, in der sie uns behandeln, beeinflusst unsere Liebe zu ihnen. Das Liebesobjekt bestimmt unsere Liebe.

Mit Gottes Liebe verhält es sich anders. Wir können keinen Einfluss auf seine Liebe zu uns nehmen. Die Liebe Gottes entsteht in ihm selbst und beruht nicht auf dem, was er an uns findet. Seine Liebe wird von nichts und niemandem veranlasst.

Liebt er uns wegen unserer Rechtschaffenheit? Wegen unserer Freundlichkeit? Wegen unseres großen Glaubens? Nein, er liebt uns wegen seiner Rechtschaffenheit, wegen seiner Freundlichkeit und wegen seines großen Glaubens.

AUS »A LOVE WORTH GIVING«

Verheißungen zum Glauben

Was ist nun also der Glaube? Er ist das Vertrauen darauf, dass das, was wir hoffen, sich erfüllen wird, und die Überzeugung, dass das, was man nicht sieht, existiert. Durch den Glauben verstehen wir, dass die Welt auf Gottes Befehl hin entstand und dass alles, was wir jetzt sehen, aus dem entstanden ist, was man nicht sieht. Ihr seht also, dass es unmöglich ist, ohne Glauben Gott zu gefallen. Wer zu ihm kommen möchte, muss glauben, dass Gott existiert und dass er die, die ihn aufrichtig suchen, belohnt.

HEBRÄER 11,1.3.6

[Die gute Botschaft von Christus] zeigt uns, wie Gott uns in seinen Augen gerecht spricht. Dies geschieht einzig und allein durch Glauben. Denn es heißt schon in der Schrift: »Durch den Glauben hat ein Gerechter Leben.«

RÖMER 1,17

Von allen Seiten werden wir von Schwierigkeiten bedrängt, aber nicht erdrückt. Wir sind ratlos, aber wir verzweifeln nicht. Wir werden verfolgt, aber Gott lässt uns nie im Stich. Wir werden zu Boden geworfen, aber wir stehen wieder auf und machen weiter. Deshalb geben wir nie auf. Unser Körper mag sterben, doch unser Geist wird jeden Tag erneuert. Denn unsere jetzigen Sorgen und Schwierigkeiten sind nur gering und von kurzer Dauer, doch sie bewirken in uns eine unermesslich große Herrlichkeit, die ewig andauern wird! So sind wir nicht auf das Schwere fixiert, das wir jetzt sehen, sondern blicken nach vorn auf das, was wir noch nicht gesehen haben.

2. KORINTHER 4,8–9.16–18

Eine Anmerkung von Max

Glaube

Glaube ist die innere Gewissheit, dass es Gott wirklich gibt und dass Gott gut ist. ... Glaube ist die Entscheidung, darauf zu vertrauen, dass der Schöpfer aller Dinge die Welt nicht sich selbst überlassen hat, sondern dass er auch heute noch Licht in die Dunkelheit schickt und auf jedes Glaubenszeichen antwortet. ...

Glaube ist die innere Gewissheit, dass Gott das Richtige tun wird.

Je hoffnungsloser unsere Situation ist, umso wahrscheinlicher ist unsere Rettung, sagt Gott. Je größer unsere Sorgen, umso echter sind unsere Gebete. Je dunkler der Raum, umso nötiger ist Licht.

Gottes Hilfe ist nahe und immer greifbar, doch nur wer um sie bittet, erhält sie.

AUS »HE STILL MOVES STONES«

Verheißungen zu Zufriedenheit

Wahrer Glaube und die Fähigkeit, mit wenigem
zufrieden zu sein, sind tatsächlich ein großer Reichtum.
Schließlich haben wir bei unserer Geburt nichts
in die Welt mitgebracht und wir können auch nichts
mitnehmen, wenn wir sterben. Deshalb wollen wir
zufrieden sein, solange wir nur genug Nahrung
und Kleidung haben. Menschen, die reich werden wollen,
geraten nur in Versuchung und verstricken sich
in so viele dumme und schädliche Wünsche,
dass sie letztlich ins Verderben und in ihren eigenen
Untergang stürzen. Denn die Liebe zum Geld
ist die Wurzel aller möglichen Übel; so sind manche
Menschen aus Geldgier vom Glauben abgewichen
und haben sich selbst viele Schmerzen zugefügt.
1. TIMOTHEUS 6,6–10

Sorgt euch um nichts, sondern betet um alles.
Sagt Gott, was ihr braucht, und dankt ihm.
Ihr werdet Gottes Frieden erfahren,
der größer ist, als unser menschlicher Verstand
es je begreifen kann. Sein Friede wird eure Herzen und
Gedanken im Glauben an Jesus Christus bewahren.
Ich habe gelernt, mit dem zufrieden zu sein,
was ich habe. Ob ich nun wenig oder viel habe,
ich habe gelernt, mit jeder Situation fertig zu werden. …
Denn alles ist mir möglich durch Christus,
der mir die Kraft gibt, die ich brauche.
PHILIPPER 4,6–7.11B–13

Eine Anmerkung von Max

Zufriedenheit

Satt werden? Das ist das eine, was uns fehlt. Wir sind nicht gesättigt. ...

Wir machen einen lang verdienten, überfälligen Urlaub. ...Wir genießen in Fülle Sonne, Spaß und gutes Essen. Doch bereits auf der Heimfahrt haben wir Angst vor dem Ende des Urlaubs und planen den nächsten. Wir sind nicht gesättigt.

Als Kind sagen wir: »Wenn ich nur erst ein Teenager wäre.« Als Teenager sagen wir: »Wenn ich nur erst erwachsen wäre.« Als Erwachsener: »Wenn ich nur erst verheiratet wäre.« Als Ehepartner: »Wenn ich nur erst Kinder hätte.« ...

Wir sind nicht satt. Zufriedenheit ist eine schwierige Tugend. Warum?

Weil es auf der Erde nichts gibt, was unsere tiefste Sehnsucht stillen könnte. Wir sehnen uns danach, Gott zu sehen. Die Blätter des Lebens rauschen und verkündigen die Nachricht, dass wir ihn eines Tages sehen werden – und dass wir so lange nicht zufrieden sind, bis dies geschieht.

AUS »WENN GOTT DICH SANFT BEIM NAMEN RUFT«

Verheißungen zu Hoffnung

Ein König siegt nicht durch die Größe seines Heeres,
ein starker Krieger befreit sich nicht durch seine große
Kraft. Der HERR aber beschützt alle, die ihm gehorchen
und auf seine Gnade vertrauen. Er bewahrt sie
vor dem Tod und erhält sie in der Hungersnot am Leben.
Wir vertrauen auf den HERRN, denn nur er allein
kann uns helfen und uns wie ein Schild beschützen.
PSALM 33,16.18–20

Wenn Gott für uns ist, wer kann da noch gegen uns sein?
Gott hat nicht einmal seinen eigenen Sohn verschont,
sondern hat ihn für uns alle gegeben.
Und wenn Gott uns Christus gab, wird er uns
mit ihm dann nicht auch alles andere schenken?
Wer wagt es, gegen die Anklage zu erheben,
die von Gott auserwählt wurden?
Gott selbst ist ja der, der sie gerecht spricht.
RÖMER 8,31B–33

Die Gnade des HERRN nimmt kein Ende!
Sein Erbarmen hört nie auf,
jeden Morgen ist es neu. Groß ist seine Treue.
Meine Seele spricht:
»Der HERR ist mein Anteil, auf ihn will ich hoffen.«
Der HERR ist gut zu denen,
die auf ihn warten und ihn suchen.
KLAGELIEDER 3,22–25

Eine Anmerkung von Max

Hoffnung

Es ist nicht leicht, zuzuschauen, wie Dinge alt werden. Die Stadt, in der ich aufgewachsen bin, wird alt. ... Einige der Gebäude sind mit Brettern zugenagelt. Häuser werden abgerissen. ... Das alte Kino, in das ich einst meine Freundinnen ausführte, steht zum Verkauf. ...

Ich wünschte, ich könnte alles wieder neu machen. Ich wünschte, ich könnte den Staub von den Straßen blasen. Aber ich kann es nicht.

Ich kann es nicht. Doch Gott kann es. »Er gibt mir Kraft«, schrieb David (vgl. z. B. Psalm 23,3). Er gibt sich nicht mit Ausbesserungen zufrieden. Er erneuert. Er kaschiert nicht das Alte, er macht alles neu. Der Baumeister holt den ursprünglichen Plan hervor und stellt ihn wieder her. Er schenkt wieder Spannkraft, Energie und Hoffnung. Er schenkt neue Kraft.

AUS »THE APPLAUSE OF HEAVEN«

Verheißungen zu Wahrheit

Das Gesetz des HERRN ist vollkommen,
es erfrischt die Seele. Die Ratschlüsse des HERRN
sind zuverlässig und schenken den Unverständigen
Weisheit. Die Gebote des HERRN sind richtig
und erfreuen das Herz. Die Vorschriften des HERRN
sind klar und schenken Einsicht.

PSALM 19,8–9

Wie sehr liebe ich dein Gesetz!
Den ganzen Tag denke ich darüber nach.
Durch deine Gebote bin ich meinen Feinden überlegen,
denn sie sind mein ständiger Begleiter.
Alle deine Worte sind wahr,
alle deine gerechten Gesetze haben ewig Bestand.

PSALM 119,97–98.160

Und wir wissen, dass der Sohn Gottes gekommen ist
und uns den einzig wahren Gott erkennen lässt.
Und nun haben wir Gemeinschaft mit dem wahren Gott
durch seinen Sohn Jesus Christus.
Er ist der wahre Gott und das ewige Leben.

1. JOHANNES 5,20

Eine Anmerkung von Max

Wahrheit

Stellen Sie sich vor, Sie sind ein Eiskunstläufer während einer Meisterschaft. Sie stehen an erster Stelle, aber noch eine Runde ist zu bewältigen. Wenn Sie jetzt gute Leistungen erbringen, sind Sie der Sieger. Sie sind nervös, angespannt und unruhig.

Dann, nur wenige Minuten bevor Sie an der Reihe sind, eilt Ihr Trainer mit einer überwältigenden Nachricht auf Sie zu: »Du hast bereits gewonnen! Die Richter haben die Punkte in die Tabelle eingetragen, und die Person an zweiter Stelle kann dich nicht mehr einholen. Du liegst zu weit vorne.«

Wie fühlen Sie sich, wenn Sie das hören? Überglücklich!

Und wie werden Sie laufen? ... Natürlich mutig und zuversichtlich. Sie werden Ihr Bestes geben, denn der Preis gehört Ihnen.

Eines ist klar: Die Wahrheit wird siegen. Der Vater der Wahrheit wird gewinnen, und die Nachfolger der Wahrheit werden gerettet.

AUS »THE APPLAUSE OF HEAVEN«

Verheißungen zu Kraft

Er gibt den Erschöpften neue Kraft;
er gibt den Kraftlosen reichlich Stärke.
Die, die auf den HERRN warten,
gewinnen neue Kraft.
Sie schwingen sich nach oben wie die Adler.
Sie laufen schnell, ohne zu ermüden.
Sie werden gehen und werden nicht matt.
JESAJA 40,29.31

Kommt alle her zu mir, die ihr müde seid
und schwere Lasten tragt, ich will euch Ruhe schenken.
Nehmt mein Joch auf euch. Ich will euch lehren,
denn ich bin demütig und freundlich,
und eure Seele wird bei mir zur Ruhe kommen.
Denn mein Joch passt euch genau,
und die Last, die ich euch auflege, ist leicht.
MATTHÄUS 11,28–30

Gott ist unsre Zuflucht und unsre Stärke,
der uns in Zeiten der Not hilft.
Der allmächtige HERR ist bei uns;
der Gott Israels ist unser Schutz.
PSALM 46,2.8

Eine Anmerkung von Max

Kraft

Ein Beispiel für Kraft fand man in einem Konzentrationslager. Ein Gefangener hatte folgende Worte in eine Wand geritzt:

Ich glaube an die Sonne,
auch wenn sie nicht scheint.
Ich glaube an die Liebe,
auch wenn ich nichts von ihr spüre.
Ich glaube an Gott,
auch wenn er nicht redet.

Ich versuche, mir den Menschen vorzustellen, der diese Worte in den Stein kratzte. Ich versuche, mir auszumalen, wie seine abgezehrte Hand ein Stück Glas oder einen Stein umklammerte, mit dem er etwas in die Wand ritzen konnte. Ich versuche, mir vorzustellen, wie seine Augen in der Dunkelheit blinzelten, während er einen Buchstaben nach dem anderen einkratzte. Welche Hand konnte eine solche Überzeugung eingravieren? Welche Augen konnten in einem solchen Grauen Gutes entdecken?

Dafür gibt es nur eine Antwort: Augen, die beschlossen haben, das Unsichtbare zu sehen.

AUS »HE STILL MOVES STONES«

Verheißungen zu Geduld

*Wir freuen uns auch dann, wenn uns Sorgen
und Probleme bedrängen, denn wir wissen,
dass wir dadurch lernen, geduldig zu werden.
Geduld aber macht uns innerlich stark,
und das wiederum macht uns zuversichtlich
in der Hoffnung auf die Erlösung.
Und in dieser Hoffnung werden wir nicht enttäuscht
werden. Denn wir wissen, wie sehr Gott uns liebt,
weil er uns den Heiligen Geist geschenkt hat,
der unsere Herzen mit seiner Liebe erfüllt.*

RÖMER 5,3–5

*Da wir von so vielen Zeugen umgeben sind,
die ein Leben durch den Glauben geführt haben,
wollen wir jede Last ablegen, die uns behindert,
besonders die Sünde, in die wir uns so leicht verstricken.
Wir wollen den Wettlauf bis zum Ende durchhalten,
für den wir bestimmt sind. Dies tun wir,
indem wir unsere Augen auf Jesus gerichtet halten,
von dem unser Glaube vom Anfang bis zum Ende abhängt.*

HEBRÄER 12,1–2A

*Liebe Brüder, wenn in schwierigen Situationen
euer Glaube geprüft wird, dann freut euch darüber.
Denn wenn ihr euch darin bewährt, wächst eure Geduld.
Und durch die Geduld werdet ihr bis zum Ende durchhalten,
denn dann wird euer Glaube zur vollen Reife gelangen
und vollkommen sein und nichts wird euch fehlen.*

JAKOBUS 1,2–4

Eine Anmerkung von Max

Geduld

Gott hat oft mehr Geduld mit uns als wir selbst. Wir nehmen gleich an, dass wir nicht wiedergeboren sind, wenn wir zu Fall kommen. Wenn wir stolpern, dann haben wir uns wohl nicht wirklich bekehrt. Wenn wir noch dieselben alten Begierden empfinden, dann können wir doch keine neue Schöpfung sein.

Wenn Sie in dieser Hinsicht besorgt sind, denken Sie bitte daran: »Ich bin darin guter Zuversicht, dass der in euch angefangen hat das gute Werk, der wird's auch vollenden bis an den Tag Christi Jesu« (Philipper 1,6 LUT).

AUS »WIE DU GOTT GANZ VERTRAUEN KANNST«

Verheißungen

zu

Gott

Verheißungen zu Gottes Liebe

Und das ist die wahre Liebe:
Nicht wir haben Gott geliebt,
sondern er hat uns zuerst geliebt
und hat seinen Sohn gesandt,
damit er uns von unserer Schuld befreit.
1. JOHANNES 4,10

Der HERR hat euch nicht erwählt
und hält an euch fest,
weil ihr größer oder bedeutender wärt
als die anderen Völker –
ihr seid sogar das unbedeutendste aller Völker –,
sondern weil er euch liebt
und weil er das Versprechen halten wollte,
das er euren Vorfahren mit einem Eid gegeben hatte. …
5. MOSE 7,7–8

Die Liebe wird niemals aufhören. …
Glaube, Hoffnung und Liebe,
diese drei bleiben.
Aber am größten ist die Liebe.
1. KORINTHER 13,8.13

Eine Anmerkung von Max

Gottes Liebe

Gottes Liebe hängt nicht von unserer Liebe ab. Unsere brennende Liebe macht seine Liebe nicht größer. Wenn wir ihn nicht lieben, wird seine Liebe nicht weniger. Unser Gutsein vergrößert seine Liebe nicht, und unsere Schwäche schmälert sie nicht.

Gott liebt uns einfach, weil er es so beschlossen hat. Er liebt uns auch dann, wenn wir uns nicht liebenswert vorkommen.

Er liebt uns, wenn kein anderer uns liebt.
Gott liebt uns, auch wenn andere uns im Stich lassen, sich von uns abwenden oder uns links liegen lassen. Er liebt uns immer, egal was geschieht.

AUS »A LOVE WORTH GIVING«

Verheißungen zu Gottes Barmherzigkeit

[Der HERR] ging an Mose vorüber und sprach:
»Ich bin der HERR, der barmherzige und gnädige Gott.
Meine Geduld, meine Liebe und Treue sind groß.
Diese Gnade erweise ich Tausenden. …«

2. MOSE 34,6–7A

Seine Barmherzigkeit gilt von Generation
zu Generation allen, die ihn ehren.

LUKAS 1,50

Doch Gott ist so barmherzig und liebte uns so sehr,
dass er uns, die wir durch unsere Sünden tot waren,
mit Christus neues Leben schenkte,
als er ihn von den Toten auferweckte.
Nur durch die Gnade Gottes seid ihr gerettet worden!

EPHESER 2,4–5

Eine Anmerkung von Max

Gottes Barmherzigkeit

Gott rettet uns nicht wegen unserer guten Taten. Nur ein mickriger Gott lässt sich mit Spenden kaufen. Nur ein geltungsbedürftiger Gott lässt sich von unseren Bemühungen beeindrucken. Nur ein launischer Gott kann mit Opfern zufriedengestellt werden. Nur ein herzloser Gott würde das Heil an die Meistbietenden verkaufen.

Und nur ein großer Gott tut für seine Kinder, was sie nicht selbst tun können.

Gottes Wohlgefallen ist ein Geschenk bei der Hingabe an ihn, man kann es sich nicht verdienen. Der erste Schritt zur Freude ist ein Hilferuf, das Eingeständnis moralischer Unzulänglichkeit und Schwäche. Menschen, die Gottes Gegenwart erleben, erklären ihren geistlichen Bankrott und sind sich ihres geistlichen Dilemmas bewusst. ...

Ihre Taschen sind leer. Sie haben keine Wahl mehr. Schon lange haben sie aufgehört, Gerechtigkeit zu fordern. Sie bitten um Barmherzigkeit.

AUS »THE APPLAUSE OF HEAVEN«

Verheißungen zu Gottes Treue

Ich will die Gnade des HERRN allezeit loben und den kommenden Generationen von seiner Treue erzählen. Denn ich weiß: Deine Gnade gilt für alle Zeit und deine Treue steht fest wie der Himmel.
PSALM 89,2–3

Erkennt deshalb, dass der HERR, euer Gott, der wahre Gott ist. Er ist der treue Gott, der über 1.000 Generationen hinweg zu seinem Bund mit denen steht, die ihn lieben und seinen Geboten nachkommen.
5. MOSE 7,9

[Jesus Christus] wird euch Kraft geben bis zum Ende. So werdet ihr an dem Tag, an dem Jesus Christus wiederkommt, ohne Schuld sein. Gott ist treu. Er hat euch berufen zur Gemeinschaft mit seinem Sohn Jesus Christus, unserem Herrn.
1. KORINTHER 1,8–9

Eine Anmerkung von Max

Gottes Treue

Wir sind [Gottes] Idee. Wir sind sein. Sein Gesicht. Seine Augen. Seine Hände. Sein Federstrich. Wir sind er. Schauen Sie jedem Menschen dieser Erde tief ins Gesicht, und Sie werden sein Ebenbild erkennen. Obwohl einige nur entfernte Verwandte zu sein scheinen, sind sie es nicht. Gott hat keine Vettern, nur Kinder.

Wir sind – unfassbar – der Leib Christi. Und obwohl wir nicht so handeln mögen wie unser Vater, gibt es keine größere Wahrheit als diese: Wir sind sein. Unabänderlich. Er liebt uns. Unsterblich. Nichts kann uns von der Liebe Christi trennen (siehe Römer 8,38–39).

AUS »WIE DU GOTT GANZ VERTRAUEN KANNST«

Verheißungen zu Gottes Beständigkeit

Wo ist ein Gott wie du, der die Sünden vergibt …?
Der nicht für immer an seinem Zorn festhält,
sondern der sich freut, wenn er barmherzig sein kann?
MICHA 7,18

Jedes Wort, das Gott spricht, ist wahr.
Er beschützt alle, die bei ihm Schutz suchen.
SPRÜCHE 30,5

Der HERR ist gnädig und barmherzig,
geduldig und voller Gnade.
Der HERR ist gut zu allen Menschen
und barmherzig zu seiner ganzen Schöpfung.
PSALM 145,8–9

Eine Anmerkung von Max

Gottes Beständigkeit

Gott gibt nie auf.
Als Josef von seinen eigenen Brüdern in eine Zisterne geworfen wurde, gab Gott nicht auf.

Als Mose sagte: »Hier bin ich, schicke Aaron«, gab Gott nicht auf. ...

Als die befreiten Israeliten lieber die Sklaverei in Ägypten als Milch und Honig wollten, gab Gott nicht auf.

Als Simson mit Delila turtelte, als Saul tobend hinter David her war, als David gegen Uriah Intrigen ersann, gab Gott nicht auf.

Als Petrus Jesus beim letzten Mahl verehrte und beim Feuer verleugnete, gab Gott nicht auf.

Gott gibt nie auf.

AUS »SIX HOURS ONE FRIDAY«

Verheißungen zu Gottes Liebesgaben

Der HERR hört sein Volk,
wenn es ihn um Hilfe anfleht,
und rettet es aus aller Not.
Der HERR ist allen nahe, die verzweifelt sind;
er rettet die, die den Mut verloren haben.

PSALM 34,18–19

[Gott] ist der Ursprung aller Barmherzigkeit
und der Gott, der uns tröstet.
In allen Schwierigkeiten tröstet er uns,
damit wir andere trösten können.
Wenn andere Menschen in Schwierigkeiten geraten,
können wir ihnen den gleichen Trost spenden,
wie Gott ihn uns geschenkt hat.
Ihr dürft darauf vertrauen:
Je mehr wir für Christus leiden,
desto mehr lässt uns Gott durch Christus Trost zuteil werden.

2. KORINTHER 1,3B–5

Auch wenn ich durch das dunkle Tal des Todes gehe,
fürchte ich mich nicht, denn du bist an meiner Seite.
Dein Stecken und Stab schützen und trösten mich.

PSALM 23,4

Eine Anmerkung von Max

Gottes Liebesgaben

Es gibt Augenblicke in der Geschichte, in denen ein wirklicher Gott wirkliche Schmerzen litt, damit wir eine Antwort auf die Frage bekommen: »Wo ist Gott im Leid?«

Wie reagiert Gott auf zerstörte Hoffnungen? Lesen Sie die Geschichte von Jairus. Was empfindet der Vater gegenüber Kranken? Gehen Sie mit ihm zum Teich Bethesda. Wünschen Sie sich, dass Gott zu Ihrem einsamen Herzen spricht? Dann hören Sie, was er zu den Jüngern auf dem Weg nach Emmaus sagte. ...

Er hat das nicht nur für die Menschen damals getan. Er tut es für mich. Er tut es für Sie. ...

Der Gott, der sprach, spricht immer noch. ... Der Gott, der kam, kommt immer noch. Er kommt in unsere Welt. Er kommt in Ihre Welt. Er kommt, um das zu tun, was Sie nicht tun können.

AUS »HE STILL MOVES STONES«

Verheißungen zu Gottes Segnungen

Wir loben Gott, den Vater von Jesus Christus,
unserem Herrn, der uns durch Christus
mit dem geistlichen Segen
in der himmlischen Welt reich beschenkt hat.
Schon vor Erschaffung der Welt
hat Gott uns aus Liebe dazu bestimmt,
vor ihm heilig zu sein und befreit von Schuld.
EPHESER 1,3–4

Alle haben denselben Herrn,
der seine Reichtümer
großzügig allen schenkt,
die ihn darum bitten.
Denn »jeder, der den Namen des Herrn anruft,
wird gerettet werden«.
RÖMER 10,12B–13

Alles, was gut und vollkommen ist,
wird uns von oben geschenkt, von Gott,
der alle Lichter des Himmels erschuf.
Anders als sie ändert er sich nicht,
noch wechselt er zwischen Licht und Finsternis.
JAKOBUS 1,17

Eine Anmerkung von Max

Gottes Segnungen

Gott als Herrn anerkennen bedeutet, einzuräumen, dass er der Höchste im Universum ist. Ihn als Retter annehmen bedeutet, das Geschenk der Rettung anzunehmen, das am Kreuz vollbracht wurde. Ihn als Vater ansehen bedeutet, einen Schritt weiter zu gehen. Im Idealfall ist ein Vater Versorger und Beschützer. Genau das ist Gott.

Er gibt uns, was wir brauchen (Matthäus 6, 25–34). Er hält seine schützende Hand auf uns (Psalm 139,5). Er hat uns als seine Kinder angenommen (Epheser 1,5). Und er hat uns seinen Namen gegeben (1. Johannes 3,1).

Gott hat sich als treuer Vater erwiesen. Jetzt ist es an uns, vertrauensvolle Kinder zu sein.

AUS »HE STILL MOVES STONES«

Verheißungen zu Gottes Führung

Der HERR wird dich ohne Unterlass leiten
und deine Seele in der Dürre sättigen
und deine Gebeine stärken;
du wirst sein wie ein wohlbewässerter Garten
und wie eine Wasserquelle,
deren Wasser niemals versiegen.
JESAJA 58,11 (SLT)

Wir können unsere Gedanken sammeln,
die rechte Antwort aber schenkt der HERR.
Vertraue dein Vorhaben dem HERRN an,
dann werden deine Pläne gelingen.
SPRÜCHE 16,1.3

Passt euch nicht dieser Welt an,
sondern ändert euch,
indem ihr euch von Gott
völlig neu ausrichten lasst.
Nur dann könnt ihr beurteilen,
was Gottes Wille ist,
was gut und vollkommen ist
und was ihm gefällt.
RÖMER 12,2 (HFA)

Eine Anmerkung von Max

Gottes Führung

Sie haben es erlebt. Sie haben den sandigen Boden des Tales hinter sich gelassen und den Granitfelsen bestiegen. Sie haben dem Lärm den Rücken gekehrt und seine Stimme gesucht. Sie haben sich von den Massen abgewandt und sind dem Herrn gefolgt, der Sie auf dem schmalen Serpentinenpfad zum Gipfel führt. ...

Freundlich fordert Ihr Führer Sie auf, auf einem Stein oberhalb der Baumgrenze Platz zu nehmen und mit ihm die alten Berge zu betrachten, die niemals abgetragen werden. »Alles Notwendige ist sicher«, verspricht er. »Denk daran: Du gehst nirgendwohin, wo ich nicht schon gewesen bin.

Die Wahrheit wird siegen. ...

Der Sieg ist unser. ...«

Der heilige Gipfel. Ein Ort der Beständigkeit in einer sich ständig wandelnden Welt.

AUS »THE APPLAUSE OF HEAVEN«

Verheißungen zu Gottes Gnade

Dieser Hohe Priester versteht unsere Schwächen,
weil ihm dieselben Versuchungen begegnet sind wie uns,
doch er wurde nicht schuldig.
Lasst uns deshalb zuversichtlich
vor den Thron unseres gnädigen Gottes treten.
Dort werden wir Barmherzigkeit empfangen
und Gnade finden, die uns helfen wird,
wenn wir sie brauchen.
HEBRÄER 4,15–16

Weil Gott so gnädig ist,
hat er euch durch den Glauben gerettet.
Und das ist nicht euer eigener Verdienst;
es ist ein Geschenk Gottes.
Ihr werdet also nicht aufgrund eurer guten Taten gerettet,
damit sich niemand etwas darauf einbilden kann.
EPHESER 2,8–9

Gott hat euch in seiner Gnade durch Jesus Christus
zu seiner ewigen Herrlichkeit berufen.
Nachdem ihr eine Weile gelitten habt,
wird er euch aufbauen, stärken und kräftigen;
und er wird euch auf festen Grund stellen.
1. PETRUS 5,10

Eine Anmerkung von Max

Gottes Gnade

Sie mögen anständig sein. Sie mögen Ihre Steuern zahlen und Ihre Kinder lieben und mit reinem Gewissen schlafen. Aber getrennt von Christus sind Sie nicht heilig. Wie können Sie also in den Himmel kommen?

Glauben Sie nur.
Nehmen Sie das Werk an, das schon getan wurde: das Werk Jesu am Kreuz.

Glauben Sie nur.
Nehmen Sie die Güte Jesu Christi an. Geben Sie Ihre eigenen guten Werke auf und nehmen Sie seine an. Geben Sie Ihren eigenen Anstand auf und nehmen Sie seinen an. Treten Sie in seinem Namen vor Gott und nicht in Ihrem. ...

So leicht ist es? Da war absolut nichts Leichtes dran. Das Kreuz war schwer, das Blut war real und der Preis war ungeheuer hoch. Sie und ich wären darüber bankrott gegangen; deshalb bezahlte er den Preis für uns. Nennen Sie das einfach. Nennen Sie das ein Geschenk. Aber nennen Sie es nicht leicht.

Nennen Sie es beim richtigen Namen. Nennen Sie es Gnade.

AUS »WIE DU GOTT GANZ VERTRAUEN KANNST«

Verheißungen zu Gottes Macht

Das Gebet eines gerechten Menschen
hat große Macht und kann viel bewirken.
JAKOBUS 5,16B

Durch die mächtige Kraft, die in uns wirkt,
kann Gott unendlich viel mehr tun,
als wir je bitten oder auch nur hoffen würden.
EPHESER 3,20

Hört auf meine Worte!
Ihr könnt beten, worum ihr wollt –
wenn ihr glaubt, werdet ihr es erhalten.
MARKUS 11,24

Eine Anmerkung von Max

Gottes Macht

»Wenn ihr glaubt, werdet ihr alles bekommen, worum ihr im Gebet bittet« (Matthäus 21,22).

Ziehen Sie diese großartige Aussage nicht auf die Ebene von neuen Autos und Gehaltsschecks herab. Beschränken Sie die Verheißung dieses Verses nicht auf das ichsüchtige Streben nach Sonderzulagen und Vergünstigungen. Die Frucht, die Gott zusichert, ist viel größer als irdischer Reichtum. Seine Träume sind viel größer als Beförderungen und Angebote.

Gott will, dass Sie fliegen. Er will, dass Sie frei von der Schuld von gestern fliegen. Er will, dass Sie frei von den Ängsten von heute fliegen. Er will, dass Sie frei von dem bevorstehenden Tod fliegen. Sünde, Angst und Tod sind die Berge, die er versetzt hat. Das sind die Gebete, die er erhört.

AUS »AND THE ANGELS WERE SILENT«

Verheißungen
zum
Leben als Christ

Verheißungen, wenn wir Gott dienen

Tut eure Arbeit mit Eifer und Freude,
als würdet ihr Gott dienen und nicht Menschen.
Vergesst nicht, dass der Herr euch mit dem
himmlischen Erbe belohnen wird.
Dient dem Herrn, Jesus Christus!
KOLOSSER 3,23–24

Dann rief [Jesus] seine Jünger und die Menge zu sich.
»Wenn jemand mir nachfolgen will«, sagte er,
»muss er sich selbst verleugnen,
sein Kreuz auf sich nehmen und mir nachfolgen.
Denn wer versucht, sein Leben zu bewahren,
wird es verlieren. Wer aber sein Leben um meinetwillen
und um der guten Botschaft willen verliert,
wird es retten.«
MARKUS 8,34–35

Und der Knecht hat ... noch nicht einmal Dank
zu erwarten, denn er tut nur seine Pflicht.
Wenn ihr mir gehorcht, sollt auch ihr sagen:
»Wir haben keine besondere Anerkennung verdient.
Wir sind Diener und haben nur unsere Pflicht getan.«
LUKAS 17,9–10

Eine Anmerkung von Max

Gott dienen

Auf der einen Seite steht die Menge.
Spöttisch. Hetzend. Fordernd.
Auf der anderen Seite steht ein einfacher Mann.
Mit geschwollenen Lippen.
Hervortretenden Augen.
Himmelhohen Versprechungen.
Die einen versprechen Anerkennung,
der andere verspricht ein Kreuz.
Die einen haben Fleisch und Flitter zu bieten,
der andere bietet Glauben.
Die Menge fordert:
»Folge uns, und du gehörst dazu.«
Jesus verspricht:
»Folge mir, und du ragst heraus.«
Sie versprechen Annehmlichkeiten.
Gott verspricht Rettung. ...
Gott sieht dich an und fragt ...
Wofür wirst du dich entscheiden?

AUS »WIE DU GOTT GANZ VERTRAUEN KANNST«

Verheißungen, wenn wir Gott loben

Ehrt den herrlichen Namen des HERRN.
Betet den HERRN an in seinem heiligen Glanz.
PSALM 29,2

Singet dem HERRN, ihr, die ihr zum HERRN gehört,
und lobt seinen heiligen Namen!
PSALM 30,5

Kommt, lasst uns anbeten und uns vor ihm verbeugen.
Lasst uns niederknien vor dem HERRN,
unserem Schöpfer. Denn er ist unser Gott
und wir sind das Volk, das er beschützt,
die Schafe, die er behütet.
PSALM 95,6–7

Halleluja! Lobt Gott in seinem Heiligtum,
lobt ihn in seiner himmlischen Wohnung!
Lobt ihn für seine mächtigen Taten,
lobt ihn in seiner unvergleichlichen Größe!
Alles, was atmet, lobe den HERRN! Halleluja!
PSALM 150,1–2.6

Eine Anmerkung von Max

Gott loben

Von der Stelle aus, wo ich schreibe, kann ich mehrere Wunder sehen.

Wellen mit weißen Kämmen klatschen mit rhythmischer Regelmäßigkeit gegen den Strand. Nacheinander gewinnen die aufsteigenden Wogen des salzigen Wassers an Schwung, beugen sich und steigen auf, stehen auf, um den Strand zu grüßen, bevor sie krachend in den Sand branden. ...

In der Ferne liegt ein Farbenwunder – zwei Blautöne. Das Ozeanblau des Atlantiks trifft auf das Hellblau des Himmels und wird nur vom Horizont getrennt, der wie ein zwischen zwei Stangen straff gespanntes Seil ausgestreckt liegt. ...

Eigentlich ist es das Normale, nicht das Einzigartige an den Wundern Gottes, das sie so verblüffend erscheinen lässt. Anstatt den Globus mit gelegentlichen Demonstrationen seiner Gottheit zu schockieren, hat Gott sich entschieden, seine Macht täglich zu zeigen. Sprichwörtlich. Das Schlagen von Wellen. Die Farben des Spektrums. Geburt, Tod, Leben. Wir sind von Wundern umgeben. Gott schleudert Zeugnisse seiner selbst wie Feuerwerke auf uns. Jedes explodiert und ruft: »Gott ist da! Gott ist da!«

AUS »WEIL DER HIMMEL DIE ERDE BERÜHRTE«

Verheißungen, wenn wir Gott etwas geben

Ehre den HERRN mit deinem Besitz
und schenke ihm das Beste, was dein Land hervorbringt.
Dann werden sich deine Scheunen mit Korn füllen,
und deine Fässer von Wein überfließen.
SPRÜCHE 3,9–10

Bringt den kompletten zehnten Teil eurer Ernte
ins Vorratshaus, damit es in meinem Tempel genügend
Nahrung gibt. Stellt mich doch damit auf die Probe …,
ob ich nicht die Fenster des Himmels für euch öffnen
und euch mit unzähligen Segnungen überschütten werde!
MALEACHI 3,10

Wenn ihr gebt, werdet ihr erhalten.
Was ihr verschenkt, wird zusammengepresst
und gerüttelt, in einem vollen,
ja überreichlichen Maß zu euch zurückfließen.
Nach dem Maß, mit dem ihr gebt,
werdet ihr zurückbekommen.
LUKAS 6,38

Eine Anmerkung von Max

Gott etwas geben

»Gott segnet die Freundlichen und Bescheidenen«, erklärte Jesus. Gott segnet die Menschen, die ihm zur Verfügung stehen. Er segnet die Kanäle, die Tunnel, die Werkzeuge. Jubeln können die, die glauben, dass ein Gott, der Stöcke, Steine und Speichel benutzte, um seinem Willen Geltung zu verschaffen, auch uns gebrauchen kann. ...

Am Rand von Bethlehem steht an der vermuteten Geburtsstätte von Jesus eine Kirche. Hinter dem Hochaltar befindet sich eine Höhle, eine kleine Grotte, die von silbernen Leuchtern erhellt wird.

Man kann das Hauptgebäude betreten und die altehrwürdige Kirche bewundern. Man kann auch die winzige Grotte betreten, in der ein in den Boden eingelassener Stern an die Geburt des Königs erinnert. Es gibt jedoch eine Bedingung: Man muss sich bücken. Die Tür ist so niedrig, dass man nicht aufrecht durch sie hindurchgehen kann. ...

Die Welt kann man aufrecht stehend betrachten. Wenn Sie aber Ihrem Retter begegnen wollen, müssen Sie auf die Knie gehen.

AUS »THE APPLAUSE OF HEAVEN«

Verheißungen, wenn wir Gottes Wort lesen

Das Wort Gottes ist lebendig und wirksam.
Es ist schärfer als das schärfste Schwert
und durchdringt unsere innersten Gedanken
und Wünsche. Es deckt auf, wer wir wirklich sind,
und macht unser Herz vor Gott offenbar.
HEBRÄER 4,12

Wer aber ständig auf das vollkommene
Gesetz Gottes achtet – das Gesetz,
das uns frei macht – und befolgt, was es sagt,
und nicht vergisst, was er gehört hat,
den wird Gott segnen.
JAKOBUS 1,25

So wie ein Säugling nach Milch schreit,
sollt ihr nach der reinen Milch – dem Wort Gottes –
verlangen, die ihr benötigt, um im Glauben zu wachsen
und das Ziel der Erlösung zu erreichen.
Denn ihr habt erfahren, wie freundlich der Herr ist.
1. PETRUS 2,2–3

Eine Anmerkung von Max

Gottes Wort lesen

Die Bibel wurde verboten, verbrannt, verspottet und lächerlich gemacht. Gelehrte haben sie als dumm verhöhnt. Könige haben sie für illegal erklärt. Tausendmal wurde sie für tot und begraben gehalten, doch irgendwie bleibt die Bibel nicht in der Vergessenheit. Sie hat nicht nur überlebt, sondern fand immer mehr Beachtung. Heute ist sie das am weitesten verbreitete Buch der Welt. Jahrelang war sie ein Bestseller!

Menschlich gesehen gibt es dafür keinen logischen Grund. Worin liegt die einzige Erklärung, die Antwort?

Der Grund für die Unvergänglichkeit der Bibel liegt nicht auf der Erde, sondern im Himmel. Für die Millionen, die ihre Grundsätze geprüft und sich auf ihre Verheißungen berufen haben, gibt es nur eine einzige Antwort: Die Bibel ist Gottes Buch und Gottes Stimme.

AUS »THE INSPIRATIONAL STUDY BIBLE«

Verheißungen, wenn wir Gott gehorchen

Wenn ihr mir gehorcht, bleibt ihr in meiner Liebe, genauso wie ich meinem Vater gehorche und in seiner Liebe bleibe. Ich sage euch das, damit meine Freude euch erfüllt. Ja, eure Freude soll vollkommen sein!

JOHANNES 15,10–11

Ich sage euch, wie es ist, wenn jemand zu mir kommt,
auf meine Worte hört und danach handelt.
Das ist wie bei einem Menschen,
der ein Haus mit festem Fundament
auf einen Felsen baut.
Wenn es dann zu einer Überschwemmung kommt
und die Wellen gegen das Haus schlagen,
steht das Haus fest, weil es solide gebaut wurde.

LUKAS 6,47–48

Aber wie können wir sicher sein, dass wir ihm gehören? –
Wenn wir seine Gebote befolgen.
Wer sagt: »Ich gehöre Gott« und befolgt dabei Gottes Gebote nicht, ist ein Lügner und die Wahrheit ist nicht in ihm. Doch wer sein Wort hält, an dem zeigt sich Gottes Liebe in vollkommener Weise.
Daran erkennen wir, ob wir in ihm leben.

1. JOHANNES 2,3–5

Eine Anmerkung von Max

Gott gehorchen

Verglichen mit Gottes Wirken ist unser Tun gering, aber erforderlich. Wir müssen nicht viel tun, aber wir müssen etwas tun.
Einen Brief schreiben.
Um Vergebung bitten.
Einen Berater anrufen.
Unsere Sünden bekennen.
Mama anrufen.
Einen Arzt aufsuchen.
Uns taufen lassen.
Einem Hungrigen zu essen geben.
Beten.
Lehren.
Gehen.
Etwas tun, was ein Zeichen von Glauben ist. Denn ein Glaube, der nicht zu Taten führt, ist kein Glaube.

AUS »HE STILL MOVES STONES«

Verheißungen, wenn wir zu Gott beten

Hört auf meine Worte! Ihr könnt beten,
worum ihr wollt – wenn ihr glaubt,
werdet ihr es erhalten. Doch wenn ihr betet,
dann vergebt zuerst allen, gegen die ihr einen Groll hegt,
damit euer Vater im Himmel euch eure Sünden
auch vergeben kann.

MARKUS 11,24–25

[Wenn] mein Volk, das meinen Namen trägt, …
Reue zeigt, wenn die Menschen zu mir beten
und meine Nähe suchen und zu mir zurückkehren,
will ich sie im Himmel erhören
und ihnen die Sünden vergeben und ihr Land heilen.

2. CHRONIK 7,14

Der HERR beschützt die, die das Rechte tun,
und er wird ihre Hilferufe hören.
Der HERR wendet sich gegen die, die Böses tun.
Er wird die Erinnerung an sie auslöschen.

PSALM 34,16–17

Eine Anmerkung von Max

Zu Gott beten

»Hört nicht auf zu beten und Gott zu danken« (Kolosser 4,2).

Klingt das beschwerlich? Fragen Sie sich: Ich muss mich voll und ganz auf mein Geschäft konzentrieren, ich muss meinen Kindern das Essen auf den Tisch stellen und meine Rechnungen bezahlen. Wie kann ich an einem Ort des Gebets bleiben? Nicht aufhören zu beten klingt vielleicht kompliziert, doch das muss nicht so sein.

Tun Sie Folgendes: Ändern Sie Ihre Definition von Gebet. Betrachten Sie das Gebet weniger als ein Tun für Gott und mehr als ein Bewusstsein von Gottes Gegenwart. Versuchen Sie, ununterbrochen in diesem Bewusstsein zu leben. Erkennen Sie Gottes Gegenwart dankbar an, wo immer Sie auch hingehen. Wenn Sie in der Schlange stehen, um Ihr Auto anzumelden, denken Sie: Danke, Herr, dass du hier bist. Wenn Sie einkaufen: Mein König, ich freue mich über deine Gegenwart. Beten Sie Ihren Schöpfer an, wenn Sie Geschirr spülen.

AUS »STILLE DEINEN DURST«

Verheißungen, wenn wir Gott lieben

*Wenn ihr mich liebt, werdet ihr meine Gebote halten.
Wer meine Gebote kennt und sie befolgt, der liebt mich.
Und weil er mich liebt, wird mein Vater ihn lieben
und ich werde ihn lieben. Und ich werde mich ihm
persönlich zu erkennen geben.*
JOHANNES 14,15.21

*Das wichtigste Gebot ist dies:
... Du sollst den HERRN, deinen Gott,
von ganzem Herzen, von ganzer Seele,
mit all deinen Gedanken
und all deiner Kraft lieben.*
MARKUS 12,29–30

*Wir wollen lieben, weil er uns zuerst geliebt hat. ...
Wer die Menschen nicht liebt, die er doch sieht,
wie kann er da Gott lieben, den er nie gesehen hat?
Gott selbst hat uns geboten, nicht nur ihn,
sondern auch unseren Nächsten zu lieben.*
1. JOHANNES 4,19–21

Eine Anmerkung von Max

Gott lieben

Er legte eine Schaufel Lehm auf die andere, bis eine leblose Form auf dem Boden lag. ...

Alle wurden still, als der Schöpfer in sich selbst hineinreichte und etwas herausholte, das man bisher noch nie gesehen hatte. Einen Samen. Er wird »Entscheidungsfreiheit« genannt. Es ist der Same der Möglichkeit, sich frei zu entscheiden. ...

Gott hatte in den Menschen einen göttlichen Samen gelegt. Einen Samen von sich selbst. Der Gott der Macht hatte den Mächtigsten der Erde geschaffen. Der Schöpfer hatte nicht ein Geschöpf, sondern einen anderen Schöpfer geschaffen. Und der Eine, der sich für die Liebe entschieden hat, schuf ein Wesen, das Liebe erwidern kann.

Jetzt haben wir die Wahl.

AUS »RUHE IM STURM«

Verheißungen, wenn wir Gott vertrauen

Denn wir, die wir Gott durch den Geist anbeten,
sind die einzigen, die wirklich beschnitten sind.
Wir setzen unser Vertrauen nicht auf menschliche
Anstrengung, sondern sind stolz auf das,
was Christus Jesus für uns getan hat.
PHILIPPER 3,3

Aber Segen soll über den kommen,
der seine ganze Hoffnung auf den HERRN setzt
und ihm vollkommen vertraut.
Dieser Mann ist wie ein Baum,
der am Ufer gepflanzt ist.
Seine Wurzeln sind tief im Bachbett verankert:
Selbst in glühender Hitze
und monatelanger Trockenheit
bleiben seine Blätter grün.
Jahr für Jahr trägt er reichlich Frucht.
JEREMIA 17,7–8

Doch wenn ich Angst habe, vertraue ich dir.
Gott, ich preise dein Wort und vertraue auf dich,
warum sollte ich mich fürchten?
Was können mir Menschen anhaben?
PSALM 56,4–5

Eine Anmerkung von Max

Gott vertrauen

Viele Akteure erscheinen auf der Bühne Gethsemanes. Da ist Judas mit seinem Verrat. Petrus mit seinem Schwert. ... Die Soldaten mit ihren Waffen. Und obwohl diese wesentlich sind, sind sie nicht entscheidend. Die Begegnung findet nicht zwischen Jesus und den Soldaten statt, sondern zwischen Gott und Satan. Satan wagt es, in einen weiteren Garten einzudringen, aber Gott steht auf, und Satan sieht blass aus. ...

Satan fällt in der Gegenwart Christi. Ein Wort aus seinem Mund, und die erfolgreichste Armee der Welt kollabiert.

Satan verstummt in der Verkündigung Christi. Nicht ein einziges Mal sprach der Feind ohne Aufforderung Jesu. Vor Christus hat Satan nichts zu sagen.

Satan ist machtlos gegen den Schutz Christi. ... Wenn Jesus sagt, dass er Sie bewahren wird, dann meint er es auch. Die Hölle muss an ihm vorbei, um Sie anzugreifen. Jesus ist in der Lage, Sie zu schützen. Wenn er sagt, dass er Sie nach Hause bringen wird, dann wird er Sie nach Hause bringen.

AUS »WIE DU GOTT GANZ VERTRAUEN KANNST«

Verheißungen, wenn wir Gott anbeten

Ihr sollt den HERRN, euren Gott, fürchten
und ihm dienen. Wenn ihr einen Eid ablegt,
dürft ihr es nur in seinem Namen tun.
Lauft nicht den Göttern eurer Nachbarvölker
hinterher, denn der HERR, euer Gott,
der mitten unter euch wohnt,
ist ein eifersüchtiger Gott.
5. MOSE 6,13–15A

Sagt zu Gott: »Wie wunderbar sind deine Werke,
deine Feinde müssen sich beugen vor deiner Macht.
Alles auf Erden wird dich anbeten,
alle Menschen werden dich ehren
und deinen Namen in herrlichen Liedern preisen.«
PSALM 66,3–4

Aber die Zeit kommt, ja sie ist schon da,
in der die wahren Anbeter den Vater im Geist
und in der Wahrheit anbeten. Der Vater sucht Menschen,
die ihn so anbeten. Denn Gott ist Geist;
deshalb müssen die, die ihn anbeten wollen,
ihn im Geist und in der Wahrheit anbeten.
JOHANNES 4,23–24

Eine Anmerkung von Max

Gott anbeten

Anbetung ist das »Danke«, das nicht zum Schweigen gebracht werden kann.

Wir haben versucht, aus Anbetung eine Wissenschaft zu machen. Das ist unmöglich. Man kann es genauso wenig, wie man »Liebe verkaufen« oder »Frieden aushandeln« kann.

Anbetung ist ein freiwilliger Akt der Dankbarkeit des Geretteten dem Retter, des Geheilten dem Heiler und des Erlösten dem Erlöser gegenüber.

AUS »RUHE IM STURM«

Verheißungen
zu
Gottes Leitung

Verheißungen zu Versuchung

Ihr seht also, dass der Herr weiß,
wie er die gottesfürchtigen Menschen
aus der Versuchung rettet ...
2. PETRUS 2,9

Werdet stark durch den Herrn
und durch die mächtige Kraft seiner Stärke!
Legt die komplette Waffenrüstung Gottes an,
damit ihr allen hinterhältigen Angriffen
des Teufels widerstehen könnt.
Denn wir kämpfen nicht gegen Menschen
aus Fleisch und Blut,
sondern gegen die bösen Mächte
und Gewalten der unsichtbaren Welt,
gegen jene Mächte der Finsternis,
die diese Welt beherrschen,
und gegen die bösen Geister in der Himmelswelt.
EPHESER 6,10–12

Wer sich für standhaft hält, soll aufpassen,
dass er nicht auf die gleiche Weise sündige.
Vergesst nicht, dass die Prüfungen, die ihr erlebt,
die gleichen sind, vor denen alle Menschen stehen.
Doch Gott ist treu. Er wird die Prüfung nicht so stark
werden lassen, dass ihr nicht mehr widerstehen könnt.
Wenn ihr auf die Probe gestellt werdet,
wird er euch eine Möglichkeit zeigen,
trotzdem standzuhalten.
1. KORINTHER 10,12–13

Eine Anmerkung von Max

Versuchung

»Seid wachsam und betet, sonst wird euch die Versuchung überwältigen« (Markus 14,38).

»Seid wachsam.« Noch praktischer kann es nicht werden. Seien Sie wachsam. Passen Sie auf. Halten Sie die Augen offen. Wenn die Sünde auf Sie zukommt, ducken Sie sich. Wenn Sie links eine Situation sehen, mit der Sie nicht fertig werden, dann gehen Sie nach rechts.

Jesus sagt ganz einfach: »Pass auf.« Wir kennen doch unsere schwachen Punkte, und wir kennen auch die Situationen, in denen sie uns am leichtesten zu Fall bringen. Meiden Sie diese Situationen! Das können Partys sein, das können Nachtclubs sein, das kann das Kino sein, Spielen um Geld, bestimmte Internetseiten, Freunde, zu denen man besser nicht geht.

Was immer es ist, das dem Teufel eine Einfalltür in Ihr Leben gibt, halten Sie Abstand davon, passen Sie auf!

AUS »STAUNEN ÜBER DEN ERLÖSER«

Verheißungen zu Schuld

Ist jemand in Christus, so ist er eine neue Kreatur;
das Alte ist vergangen, siehe, Neues ist geworden.
2. KORINTHER 5,17 (LUT)

Also gibt es jetzt für die, die zu Christus Jesus gehören,
keine Verurteilung mehr.
RÖMER 8,1

Denn vorher wart ihr tot aufgrund eurer Schuld
und weil euer altes Ich euch bestimmt hat.
Doch Gott hat euch mit Christus lebendig gemacht.
Er hat uns alle unsere Schuld vergeben.
Er hat die Liste der Anklagen gegen uns gelöscht;
er hat die Anklageschrift genommen und vernichtet,
indem er sie an das Kreuz Christi genagelt hat.
KOLOSSER 2,13–14

Ich – ich allein – bin es,
der deine Übertretungen um meiner selbst willen tilgt
und nicht mehr an deine Sünden denkt.
JESAJA 43,25

Eine Anmerkung von Max

Schuld

Waren Sie schon einmal an diesem Punkt? Haben Sie gespürt, wie der Boden der Überzeugung unter Ihren Füßen nachgab? Die Felskante bröckelt, Sie reißen die Augen auf, und schon trudeln Sie in die Tiefe. Wommm!

Und was fangen Sie jetzt an? ... Wenn wir fallen, können wir es überspielen. Wir können es leugnen. Wir können es verzerren. Oder wir können es aufarbeiten. ...

Wir können vor Gott nichts geheim halten. Bekennen heißt nicht, dass wir Gott mitteilen, was wir getan haben. Das weiß er schon. Bekennen heißt einfach, mit Gott übereinzustimmen, dass unser Tun falsch war. ...

Wie kann Gott heilen, was wir verleugnen? ... Wie kann Gott uns Vergebung gewähren, wenn wir unsere Schuld nicht zugeben?

Ah, und dann dieses Wort: Schuld. Ist Schuld nicht gerade das, was wir verdrängen wollen? Schuld. Ist es nicht gerade das, was wir verabscheuen? Aber ist Schuld eigentlich so schlecht? Was bedeutet Schuld denn anderes, als dass wir richtig von falsch unterscheiden, dass wir danach streben, besser zu sein, als wir es sind. ... Schuld ist doch eigentlich dies: eine gesunde Reue darüber, dass wir Gott das eine gesagt, aber das andere getan haben.

AUS »WIE DU GOTT GANZ VERTRAUEN KANNST«

Verheißungen zu Sorgen

Und warum sorgt ihr euch um eure Kleider?
Schaut die Lilien an und wie sie wachsen.
Sie arbeiten nicht und nähen sich keine Kleider.
Trotzdem war selbst König Salomo in seiner ganzen
Pracht nicht so herrlich gekleidet wie sie.
Wenn sich Gott so wunderbar um die Blumen kümmert,
die heute aufblühen und schon morgen wieder verwelkt
sind, wie viel mehr kümmert er sich dann um euch? ...
MATTHÄUS 6,28–30

Sorgt euch um nichts, sondern betet um alles.
Sagt Gott, was ihr braucht, und dankt ihm.
PHILIPPER 4,6

Hört nicht auf zu beten und Gott zu danken.
KOLOSSER 4,2

Eine Anmerkung von Max

Sorgen

Sorgen ändern nichts. Durch Sorgen verlängert man sein Leben um keinen einzigen Tag und macht seine Tage kein bisschen fröhlicher. Angst und Sorgen führen nur zu Sodbrennen. Betrachten wir die Dinge, über die wir uns zermürben:

40 Prozent treten nie ein.

30 Prozent betreffen unabänderliche Tatsachen aus der Vergangenheit.

12 Prozent betreffen die Meinungen anderer, auf die wir keinen Einfluss haben.

10 Prozent drehen sich um die eigene Gesundheit, die sich durch Sorgen nur verschlechtern kann.

8 Prozent betreffen wirkliche Probleme, die wir beeinflussen können.

92 Prozent unserer Sorgen sind unnötig! Sorgen sind unnütz, sie bewirken nichts. Und sie sind auch unehrerbietig, denn sie sind Zeichen von Misstrauen gegenüber Gott.

AUS »STILLE DEINEN DURST«

Verheißungen zu Leid

Wer im Schutz des Höchsten lebt,
der findet Ruhe im Schatten des Allmächtigen.
Der spricht zu dem HERRN:
Du bist meine Zuflucht und meine Burg,
mein Gott, dem ich vertraue.
PSALM 91,1–2

Wenn ich auch von allen Seiten bedrängt werde,
wirst du mich doch vor dem Hass
meiner Feinde bewahren.
Du wirst die Hand gegen meine wütenden Feinde
erheben und mich durch deine Macht retten.
PSALM 138,7

Ich lasse euch ein Geschenk zurück –
meinen Frieden. Und der Friede,
den ich schenke, ist nicht wie der Friede,
den die Welt gibt.
Deshalb sorgt euch nicht und habt keine Angst.
JOHANNES 14,27

Eine Anmerkung von Max

Leiden

In Ihrem Herzen ist ein Fenster, durch das Sie Gott sehen können. Das Fenster war einmal glasklar. Ihre Sicht auf Gott war ungetrübt. Sie konnten Gott so deutlich sehen, wie Sie ein sanftes Tal oder einen Berg sehen können. ...

Dann plötzlich wurde das Fenster durch einen Stein beschädigt. Ein Stein des Schmerzes. ...

Und plötzlich war Gott nicht mehr so leicht zu sehen. Die Sicht, die so ungetrübt war, hatte sich geändert. ...

Sie waren verwirrt. Gott würde so etwas doch nicht zulassen, oder vielleicht doch? ...

Wenn Sie ihn nicht sehen können, vertrauen Sie ihm. ... Jesus ist näher, als Sie es sich je hätten träumen lassen.

AUS »RUHE IM STURM«

Verheißungen zur Lebensbejahung

Wir danken Gott, der uns durch Jesus Christus,
unseren Herrn, den Sieg über die Sünde
und den Tod gibt!
1. KORINTHER 15,57

Denn Gott hat uns nicht
einen Geist der Furcht gegeben,
sondern einen Geist der Kraft,
der Liebe
und der Besonnenheit.
2. TIMOTHEUS 1,7

Der HERR spricht zu mir:
»Ich will dir den Weg zeigen, den du gehen sollst.
Ich will dir raten und dich behüten.«
PSALM 32,8

Überlass dem HERRN die Führung deines Lebens
und vertraue auf ihn, er wird es richtig machen.
PSALM 37,5

Eine Anmerkung von Max

Lebensbejahung

Kinder gehen nicht gern schlafen. Kein Kind versteht, warum es ins Bett gehen soll, wenn es noch nicht müde und der Tag noch gar nicht zu Ende ist.

Meine Kinder bilden hier keine Ausnahme. Vor ein paar Jahren, als die Mädchen nach vielen Einwänden und endlosem Gestöhne endlich im Nachthemd waren und im Bett lagen, ging ich leise in ihr Zimmer, um ihnen einen Gutenachtkuss zu geben. Andrea, die Fünfjährige, war noch halb wach. Nachdem ich ihr einen Kuss gegeben hatte, blinzelte sie mich schlaftrunken an und flüsterte: »Ich kann es gar nicht erwarten, bis ich wieder aufwache.«

Welcher Ausspruch einer Fünfjährigen! Diese einfache, unverdorbene Lebenslust, die das Morgen nicht erwarten kann. Eine Lebensphilosophie lautet: »Feiere Feste und freu dich des Lebens und überlass die Sorgen deinem Vater.« Ein bodenloser Brunnen der Lebensbejahung, der von einer unversiegbaren Quelle des Glaubens gespeist wird.

AUS »AND THE ANGELS WERE SILENT«

Verheißungen zu Zorn

Aber die Weisheit, die von Gott kommt,
ist vor allem rein. Sie sucht den Frieden,
ist freundlich und bereit, nachzugeben.
Sie zeichnet sich durch Barmherzigkeit
und gute Taten aus. Sie ist unparteiisch
und immer aufrichtig.
JAKOBUS 3,17

Sündigt nicht, wenn ihr zornig seid,
und lasst die Sonne nicht über eurem Zorn untergehen.
Gebt dem Teufel keine Möglichkeit,
durch den Zorn Macht über euch zu gewinnen!
EPHESER 4,26–27

Liebe Freunde, seid schnell bereit, zuzuhören,
aber lasst euch Zeit, ehe ihr redet oder zornig werdet.
Zorn kann niemals etwas bewirken,
das in Gottes Augen gerecht ist.
JAKOBUS 1,19–20

Eine Anmerkung von Max

Zorn

Wut. Ein ganz besonderes Gefühl, das jeder kennt. Es beginnt so klein wie ein Wassertropfen. Etwas irritiert uns, frustriert uns. Nichts Großes, nur eine Lästigkeit. Jemand, der uns den Parkplatz vor der Nase wegschnappt. ... Eine träge Kellnerin, und wir haben es doch so eilig. ... Tropf, tropf, tropf ...

Aber wenn genug [Tropfen] zusammenkommen, hat man bald einen ganzen Eimer voll Wut. Rachsucht auf zwei Beinen. Blinde Verbitterung. Ungezügelter Hass. ...

Aber mal ehrlich: Ist das ein Leben? Was ist aus Hass je Gutes gekommen? Was für Hoffnung hat Wut je gebracht? ...

Unsere Wut ist da, sie lässt sich nicht leugnen. Wie können wir sie zähmen? Eine gute Möglichkeit finden wir in Lukas 23,34, wo Jesus über den Mob spricht, der ihn ans Kreuz gebracht hatte. »Vater, vergib diesen Menschen, denn sie wissen nicht, was sie tun.«

AUS »STAUNEN ÜBER DEN ERLÖSER«

Verheißungen zu Enttäuschung

Werft dieses Vertrauen auf den Herrn nicht weg,
was immer auch geschieht,
sondern denkt an die große Belohnung,
die damit verbunden ist!
Was ihr jetzt braucht, ist Geduld,
damit ihr weiterhin nach Gottes Willen handelt.
Dann werdet ihr alles empfangen,
was er versprochen hat.
HEBRÄER 10,35–36

Deshalb werdet nicht müde zu tun, was gut ist.
Lasst euch nicht entmutigen und gebt nie auf,
denn zur gegebenen Zeit werden wir auch
den entsprechenden Segen ernten.
GALATER 6,9

Ich bin ganz sicher, dass Gott,
der sein gutes Werk in euch angefangen hat,
damit weitermachen und es vollenden wird
bis zu dem Tag, an dem Christus Jesus wiederkommt.
PHILIPPER 1,6

Wenn ich auch von allen Seiten bedrängt werde,
wirst du mich doch vor dem Hass meiner Feinde
bewahren. Du wirst die Hand gegen meine wütenden
Feinde erheben und mich durch deine Macht retten.
PSALM 138,7

Eine Anmerkung von Max

Enttäuschung

Haben Sie Ihre Enttäuschungen vor Gott gebracht? Sie haben mit der Nachbarin, Ihren Verwandten und Freunden darüber gesprochen. Aber haben Sie sie vor Gott gebracht? Jakobus sagt: »Leidet jemand von euch? Dann soll er beten« (Jakobus 5,13).

Gehen Sie mit Ihren Enttäuschungen zu Gott, bevor Sie sich an jemand anderen wenden.

Vielleicht wollen Sie Gott mit Ihrem Kummer nicht belästigen. Schließlich muss er sich um Hungersnöte, Seuchen und Kriege kümmern. »Er gibt sich nicht mit meinen kleinen Problemen ab«, denken Sie. Das sollten Sie ihm selbst überlassen. Er hat so viel Interesse an einer Hochzeitsgesellschaft gezeigt, dass er für den Wein sorgte. Er hat Petrus eine Münze gegeben, weil ihm seine Steuerzahlungen nicht gleichgültig waren. Die Frau am Brunnen war ihm so wichtig, dass er ihr Rede und Antwort stand. »Er sorgt sich um alles, was euch betrifft« (1. Petrus 5,7).

AUS »TRAVELING LIGHT«

Verheißungen
zu
persönlichen Beziehungen

Verheißungen zu treuer Freundschaft

Als ein Gefangener für den Herrn
fordere ich euch ... auf, ein Leben zu führen,
das eurer Berufung würdig ist,
denn ihr seid ja von Gott berufen worden.
Seid freundlich und demütig,
geduldig im Umgang miteinander.
Ertragt einander voller Liebe.
Bemüht euch, im Geist eins zu sein,
indem ihr untereinander Frieden haltet.
EPHESER 4,1–3

Das Wichtigste aber ist,
dass ihr einander beständig liebt,
denn die Liebe deckt viele Sünden zu!
Teilt euer Zuhause gastfreundlich mit anderen,
die Essen oder einen Platz zum Schlafen brauchen.
Gott hat jedem von euch Gaben geschenkt,
mit denen ihr einander dienen sollt.
Setzt sie gut ein, damit sichtbar wird,
wie vielfältig Gottes Gnade ist.
1. PETRUS 4,8–10

Seht zu, dass niemand Böses mit Bösem vergilt,
sondern versucht immer, einander
und auch allen anderen Gutes zu tun!
1. THESSALONICHER 5,15

Eine Anmerkung von Max

Treue Freundschaft

Was macht man mit einem Freund? Nun, ... das ist einfach: Man hält zu ihm.

Vielleicht ist das der Grund dafür, dass Johannes als Einziger der zwölf Jünger unter dem Kreuz stand. Er war gekommen, um seinem Freund Ade zu sagen. Er gibt selbst zu, dass er noch nicht ganz kapierte, wie alles zusammenhing. Aber das war nicht so wichtig. Sein bester Freund war in einer Notlage, also musste er ihm helfen.

»Kannst du für meine Mutter sorgen?« Natürlich. Für so was sind Freunde ja da.

Von Johannes können wir lernen, dass die stärkste Beziehung zu Jesus Christus nicht sehr kompliziert sein muss. Er zeigt uns, dass die festesten Netze der Loyalität nicht aus den Fäden wasserdichter Theologien oder narrensicherer Philosophien gesponnen sind, sondern aus Freundschaften – unerschütterlichen, selbstlosen, freudigen Freundschaften.

AUS »STAUNEN ÜBER DEN ERLÖSER«

Verheißungen, wenn wir Groll überwinden

Warum verurteilst du einen anderen?
Warum siehst du auf einen anderen Bruder herab?
Wir alle werden einmal
vor dem Richterstuhl Gottes stehen.
RÖMER 14,10

Der HERR verachtet die Gedanken der Bösen,
aber an aufrichtigen Worten hat er Freude.
SPRÜCHE 15,26

Großzügig zu sein gegenüber den Fehlern
eines anderen hält die Liebe lebendig;
das ständige Reden darüber trennt die besten Freunde.
SPRÜCHE 17,9

Schließlich sollt ihr alle einig sein,
voller Mitgefühl und gegenseitiger Liebe.
Seid barmherzig zueinander und demütig.
Vergeltet Böses nicht mit Bösem. Werdet nicht zornig,
wenn die Leute unfreundlich über euch reden,
sondern wünscht ihnen Gutes und segnet sie.
Denn genau das verlangt Gott von euch,
und er wird euch dafür segnen!
1. PETRUS 3,8–9

Eine Anmerkung von Max

Groll überwinden

Groll ist Kokain für die Gefühle. Er bringt das Blut in Wallung und steigert den Energiepegel.

Doch wie bei Kokain verlangt er nach immer größeren und häufigeren Dosen. Es gibt einen kritischen Punkt, ab dem die Wut nicht mehr nur ein Gefühl ist, sondern zu einer treibenden Kraft wird. Ein Mensch, der auf Rache sinnt, wird zur Vergebung schließlich unfähig, ohne es zu merken, denn ohne Wut ist er auch ohne Energiequelle.

Hass ist der tollwütige Hund, der seinen Besitzer angreift.

Rache ist das lodernde Feuer, das den Brandstifter verzehrt.

Bitterkeit ist die Falle, in der der Jäger gefangen wird.

Aber Barmherzigkeit ist der Weg in die Freiheit.

AUS »THE APPLAUSE OF HEAVEN«

Verheißungen, wenn wir für andere beten

Und ich sage euch auch:
Wenn zwei von euch hier auf der Erde
darin eins werden, eine Bitte an Gott zu richten,
dann wird mein Vater im Himmel diese Bitte erfüllen.
Denn wo zwei oder drei zusammenkommen,
die zu mir gehören, bin ich mitten unter ihnen.
MATTHÄUS 18,19–20

Bekennt einander eure Schuld
und betet füreinander,
damit ihr geheilt werdet.
Das Gebet eines gerechten Menschen
hat große Macht und kann viel bewirken.
JAKOBUS 5,16

Liebt eure Feinde. Tut denen Gutes, die euch hassen.
Betet für das Glück derer, die euch verfluchen.
Betet für die, die euch verletzen.
LUKAS 6,27B–28

Liebe Brüder, im Namen von Jesus Christus,
unserem Herrn, fordere ich euch auf,
mich in meinem Kampf zu unterstützen,
indem ihr für mich zu Gott betet.
Ja, betet für mich aufgrund der Liebe zu mir,
die der Heilige Geist euch schenkt.
RÖMER 15,30

Eine Anmerkung von Max

Für andere beten

Wie hat Jesus die Schrecken der Kreuzigung ausgehalten? Mit seiner Angst ging er zuerst zum Vater. Er hat die Worte von Psalm 56,3 vorgelebt: »Wenn ich Angst habe, vertraue ich dir.«

Leben Sie auch so. Versuchen Sie nicht, die Gärten Gethsemane des Lebens zu umgehen. Gehen Sie hinein. Aber gehen Sie nicht alleine hinein. Und bleiben Sie dabei ehrlich. Sie dürfen mit den Fäusten auf den Boden hämmern. Sie dürfen weinen. Und wenn Sie Blut schwitzen, so sind Sie nicht der Erste. Tun Sie, was Jesus getan hat: Öffnen Sie Ihr Herz.

Und stellen Sie so konkrete Bitten wie Jesus. »Lass diesen Kelch an mir vorübergehen«, betete er. Geben Sie Gott die Flugnummer. Sagen Sie ihm, wie lange Ihre Rede sein muss. Erzählen Sie ihm die Einzelheiten über die Wegrationalisierung von Arbeitsplätzen in Ihrem Betrieb. Er hat viel Zeit. Und er hat auch viel Mitgefühl.

AUS »TRAVELING LIGHT«

Verheißungen zu Zwietracht

Vergeltet anderen Menschen
nicht Böses mit Bösem,
sondern bemüht euch
allen gegenüber um das Gute.
Tragt euren Teil dazu bei,
mit anderen in Frieden zu leben,
so weit es möglich ist!
RÖMER 12,17–18

Gott segnet die,
die sich um Frieden bemühen,
denn sie werden Kinder Gottes genannt werden.
MATTHÄUS 5,9

Haltet fest zusammen
und habt Frieden untereinander.
Dann wird der Gott der Liebe
und des Friedens
mit euch sein.
2. KORINTHER 13,11E

Eine Anmerkung von Max

Zwietracht

Wollen Sie ein Wunder erleben? Pflanzen Sie ein Wort der Liebe tief ins Herz eines Menschen. Pflegen Sie es mit einem Lächeln und einem Gebet und beobachten Sie, was geschieht.

Ein Angestellter erhält ein Kompliment. Eine Ehefrau bekommt einen Blumenstrauß geschenkt. ...

Samen des Friedens ausstreuen ist wie Bohnen pflanzen. Man weiß nicht, wie es funktioniert, aber man weiß, dass es funktioniert. Samenkörner werden ausgestreut, und dicke Schichten von Kummer werden abgetragen. ...

Jesus hat das vorgelebt. Wir lesen nicht oft, dass er Streit geschlichtet oder bei Meinungsverschiedenheiten als Vermittler aufgetreten ist. Doch oft hat er durch liebevolle Handlungen die innere Eintracht gehegt und gefördert. ...

Er baute Brücken, indem er Verletzungen heilte. Er verhinderte Zwietracht, indem er das Herz anrührte. Er hat die Eintracht gehegt, indem er Samenkörner des Friedens in fruchtbare Herzen streute.

AUS »THE APPLAUSE OF HEAVEN«

Verheißungen zu Erziehung in Gottes Sinn

Ihr sollt es heute wissen und es euch zu Herzen nehmen:
Der HERR ist Gott im Himmel und auf der Erde
und es gibt keinen anderen Gott!
Wenn ihr alle seine Vorschriften und Gebote befolgt,
die ich euch heute gebe, wird es euch und euren Kindern
gut gehen und ihr werdet lange in dem Land leben,
das euch der HERR, euer Gott, für immer gibt.
5. MOSE 4,39–40

Weise dein Kind zurecht und es wird dir Freude
und Zufriedenheit bereiten.
SPRÜCHE 29,17

Deine Kinder werden meine Schüler sein,
und ich schenke ihnen Frieden und Glück.
JESAJA 54,13 (HFA)

Und ihr Väter, seid nicht ungerecht gegen eure Kinder.
Erzieht sie vielmehr mit Disziplin
und zeigt ihnen den richtigen Weg,
so wie es Christus entspricht.
EPHESER 6,4

Eine Anmerkung von Max

Erziehung in Gottes Sinn

Als unsere älteste Tochter Jenna zwei Jahre alt war, verlor ich sie in einem Kaufhaus. Eben stand sie noch neben mir, und ein paar Sekunden später war sie weg. Ich geriet in Panik. Plötzlich ging es nur noch um eines – ich musste meine Tochter finden. Die Einkäufe waren vergessen. Die Einkaufsliste war unwichtig. Gellend rief ich ihren Namen. Was die Leute dachten, interessierte mich nicht. Ein paar Minuten lang konzentrierte ich mich mit ganzer Kraft auf ein einziges Ziel: mein verlorenes Kind finden. (Übrigens habe ich sie wieder gefunden. Sie hatte sich hinter den Mänteln versteckt!)

Für die Rettung eines Kindes ist einem Vater oder einer Mutter kein Preis zu hoch, keine Mühe zu zeitraubend, keine Anstrengung zu beschwerlich. Eltern tun alles, um ihr Kind zu finden. So handelt auch Gott.

Merken Sie sich: Nicht der Sternenhimmel und nicht die atemberaubenden Felsschluchten sind Gottes größte Schöpfung, sondern sein ewiger Plan, zu seinen Kindern zu gelangen.

AUS »AND THE ANGELS WERE SILENT«

Verheißungen, wenn wir andere wertschätzen

Ihr seid berufen, liebe Freunde,
in Freiheit zu leben – nicht in der Freiheit,
euren sündigen Neigungen nachzugeben,
sondern in der Freiheit,
einander in Liebe zu dienen.
Denn das ganze Gesetz lässt sich
in dem einen Wort zusammenfassen:
»Liebe deinen Nächsten wie dich selbst.«
GALATER 5,13–14

Lasst uns aufeinander achten!
Wir wollen uns zu gegenseitiger Liebe ermutigen
und einander anspornen, Gutes zu tun.
HEBRÄER 10,24 (HFA)

Ihr jüngeren Männer, ordnet euch den Ältesten unter!
Ihr alle sollt einander demütig dienen,
denn »Gott stellt sich den Stolzen entgegen,
den Demütigen aber schenkt er Gnade«!
1. PETRUS 5,5

Eine Anmerkung von Max

Andere wertschätzen

Gott sieht uns mit den Augen eines Vaters. Er sieht unsere Mängel, Fehler und wunden Punkte. Aber er sieht auch unseren Wert. ...

Was wusste Jesus, das es ihm möglich machte, das zu tun, was er tat?

Hier ist ein Teil der Antwort. Er kannte den Wert der Menschen. Er wusste, dass jeder Mensch kostbar ist. Deshalb waren Menschen für ihn keine Quelle für Stress, sondern eine Quelle der Freude.

AUS »RUHE IM STURM«

Verheißungen, wenn wir anderen dienen

*Gibt es jedoch Arme unter euren Landsleuten
in euren Städten in dem Land, das der HERR,
euer Gott, euch gibt, dann seid ihnen gegenüber
nicht hartherzig und geizig.
Seid vielmehr großzügig und leiht ihnen,
was sie brauchen.*

5. MOSE 15,7–8

*Rein und vorbildlich Gott, unserem Vater,
zu dienen bedeutet, dass wir uns um die Sorgen
der Waisen und Witwen kümmern
und uns nicht von der Welt verderben lassen.*

JAKOBUS 1,27

*Angenommen, jemand sieht einen Bruder
oder eine Schwester um Nahrung oder Kleidung bitten
und sagt: »Lass es dir gut gehen, Gott segne dich,
halte dich warm und iss dich satt«,
ohne ihnen zu essen oder etwas anzuziehen zu geben.
Was nützt ihnen das?*

JAKOBUS 2,15–16

Eine Anmerkung von Max

Anderen dienen

Zuweilen wird von uns verlangt, dass wir lieben, ohne etwas als Gegenleistung zu erwarten. Zuweilen wird von uns verlangt, dass wir Menschen Geld geben, die uns nie dafür danken. Dass wir Menschen vergeben, die uns nie vergeben werden. Dass wir früh kommen und lange bleiben, ohne dass jemand Notiz davon nimmt.

Dienst aus Pflichtbewusstsein. Das ist der Ruf der Jüngerschaft.

Die beiden Marias wussten, dass eine schwere Aufgabe vor ihnen lag: Der Leichnam von Jesus musste für die Bestattung vorbereitet werden. Petrus hatte sich dazu nicht angeboten, Andreas hatte sich nicht freiwillig gemeldet. ... Deshalb beschlossen die beiden Marias, es zu tun. ...

Die beiden Frauen dachten, sie seien alleine. Sie waren es nicht. Sie dachten, ihr Gang bliebe unbemerkt. Sie irrten sich. Gott wusste um sie. Er beobachtete sie, als sie den Berg emporstiegen. Er zählte ihre Schritte. Er empfand tiefe Freude über ihre innere Haltung und ihre Hingabe.

AUS »HE STILL MOVES STONES«

Verheißungen, wenn wir anderen vergeben

Doch wenn ihr betet, dann vergebt zuerst allen,
gegen die ihr einen Groll hegt,
damit euer Vater im Himmel
euch eure Sünden auch vergeben kann.
MARKUS 11,25–26

Da Gott euch erwählt hat, zu seinen Heiligen
und Geliebten zu gehören, seid voll Mitleid
und Erbarmen, Freundlichkeit, Demut, Sanftheit
und Geduld. Seid nachsichtig mit den Fehlern
der anderen und vergebt denen,
die euch gekränkt haben. Vergesst nicht,
dass der Herr euch vergeben hat
und dass ihr deshalb auch anderen vergeben müsst.
KOLOSSER 3,12–13

Seid ... freundlich und mitfühlend zueinander
und vergebt euch gegenseitig,
wie auch Gott euch durch Christus vergeben hat.
EPHESER 4,32

Eine Anmerkung von Max

Anderen vergeben

Bitterkeit ist ein Gefängnis.

Die Mauern sind glitschig vor Groll. Die Füße bleiben in dem schlammigen Boden der Wut stecken. Der üble Geruch des Treuebruchs erfüllt die Luft und brennt in den Augen. Eine Wolke aus Selbstmitleid versperrt den Blick auf den winzigen Ausgang.

Treten Sie ein und betrachten Sie die Gefangenen. Die Opfer sind an die Mauern gekettet. Die Opfer von Treuebruch. Die Opfer von Missbrauch.

Der tiefe, dunkle Kerker winkt Sie herbei. ... Sie wissen, dass Sie Grund zum Eintritt haben. Sie haben genug Verletzungen erlitten. ...

Sie haben die Wahl und können sich wie viele andere an Ihre Verletzungen ketten. ... Oder Sie können wie andere Ihre Verletzungen beiseite legen, bevor sie zu Hass werden. ...

Wie geht Gott mit Ihrem verbitterten Herzen um? Er erinnert Sie daran, dass das, was Sie haben, wichtiger ist als das, was Sie nicht haben. Sie haben eine persönliche Beziehung zu Gott, die Ihnen niemand nehmen kann.

AUS »HE STILL MOVES STONES«

Verheißungen zu Familienabschieden

Jesus antwortete ihm:
»Die Füchse haben ihren Bau,
die Vögel ihre Nester;
aber der Menschensohn
hat keinen Platz,
an dem er sich ausruhen kann.«
MATTHÄUS 8,20 (HFA)

Wer den Willen Gottes tut,
ist mein Bruder und meine Schwester
und meine Mutter.
MARKUS 3,35

Und jeder, der um meines Namens willen sein Haus,
seine Geschwister, seine Eltern, seine Kinder
oder seinen Besitz aufgegeben hat,
wird hundertmal so viel wiederbekommen
und das ewige Leben erlangen.
MATTHÄUS 19,29

Eine Anmerkung von Max

Familienabschiede

Das Wort Auf Wiedersehen oder Ade, es ist nur zu häufig im christlichen Vokabular zu finden. Jeder Missionar kennt es, und die, die die Missionare aussenden. Der Arzt, der seine Großstadtpraxis verlässt, um in einem Dschungelkrankenhaus zu arbeiten, ist mit ihm vertraut ... Die, die die Hungrigen speisen, die Verlorenen lehren ... sie alle wissen, was Abschied nehmen heißt.

Flughäfen. Gepäck. Umarmungen. Schlusslichter. »Wink schön für die Oma!« Tränen. Busbahnhöfe. Anlegebrücken. »Ade, Papa.« Kloß in der Kehle. Fahrkartenschalter. Feuchte Augen. »Schreib mir!«

Frage: ... Was ist das für ein Gott, der einem erst Verwandte schenkt und dann verlangt, dass man sie verlässt? Was ist das für ein Gott, der einem Freunde gibt, nur um anschließend zu erwarten, dass man ihnen Auf Wiedersehen sagt? ...

Antwort: Ein Gott, der weiß, dass wir nur Pilger auf dieser Erde sind und dass die Ewigkeit so nahe ist, dass jedes »Ade« in Wirklichkeit ein »Bis bald!« ist.

AUS »STAUNEN ÜBER DEN ERLÖSER«

Verheißungen zu Mitgefühl

Ich aber sage: Liebt eure Feinde!
Betet für die, die euch verfolgen!
So handelt ihr wie wahre Kinder
eures Vaters im Himmel.
MATTHÄUS 5,44–45A

Liebe Freunde, wenn ein Mensch einer Sünde erlegen ist, dann solltet ihr, deren Leben vom Geist Gottes bestimmt ist, diesem Menschen liebevoll und in aller Demut helfen, wieder auf den rechten Weg zurückzufinden.
Und pass auf, dass du nicht in dieselbe Gefahr gerätst.
Helft euch gegenseitig bei euren Schwierigkeiten und Problemen, so erfüllt ihr das Gesetz Christi.
Wer sich für wichtiger hält als die anderen, betrügt sich selbst.
GALATER 6,1–3

Wir haben die wahre Liebe daran erkannt, dass Christus sein Leben für uns gegeben hat.
Deshalb sollen auch wir unser Leben für unsere Brüder einsetzen. Doch wenn einer genügend Geld hat, um gut zu leben, und einen anderen in Not sieht und sich weigert zu helfen –
wie soll die Liebe Gottes da in ihm bleiben?
Liebe Kinder, wir wollen nicht nur davon reden, dass wir einander lieben;
unser Tun soll ein glaubwürdiger Beweis unserer Liebe sein.
1. JOHANNES 3,16–18

Eine Anmerkung von Max

Mitgefühl

Malen Sie sich im Geiste ein Schlachtfeld aus, auf dem zahllose Verwundete herumliegen, dann sehen Sie Bethesda. Stellen Sie sich ein überfülltes Pflegeheim vor, das an Personalmangel leidet, dann sehen Sie den Teich. Denken Sie an die Waisenkinder in Bangladesch und die Verlassenen in Neu Delhi, und Sie sehen, was die Menschen sahen, wenn sie an Bethesda vorübergingen. Was hörten sie beim Vorübergehen? Endloses Stöhnen. Was sahen sie? Einen Ort anonymer Not. Was taten sie? Die meisten gingen einfach weiter, ohne Notiz von den Menschen zu nehmen.

Aber nicht Jesus. ...

Er ist alleine. ... Die Menschen brauchen ihn, und deshalb ist er da. Können Sie sich ausmalen, wie Jesus mitten unter den Leidenden umhergeht? ...

Sie wissen kaum, dass Gott langsam und behutsam zwischen den Bettlern und Blinden umhergeht.

AUS »HE STILL MOVES STONES«

Verheißungen
der
Weisheit

Verheißungen zu Selbstwert

Ihr sollt in uns Diener von Christus sehen,
denen die Aufgabe anvertraut wurde,
Gottes Geheimnisse zu erklären.
Nun erwartet man von einem Menschen,
dem ein Amt anvertraut wurde, dass er treu ist.
Wie ist das nun bei mir? Bin ich treu gewesen?
In dieser Frage spielt es kaum eine Rolle,
was ihr oder sonst irgendjemand denkt,
ja ich vertraue in diesem Punkt nicht einmal meinem
eigenen Urteil. … Es ist der Herr selbst,
der mich prüft und darüber zu entscheiden hat.
1. KORINTHER 4,1–4

Niemand soll dich gering schätzen,
nur weil du jung bist.
Sei allen Gläubigen ein Vorbild in dem,
was du lehrst, wie du lebst, in der Liebe,
im Glauben und in der Reinheit.
1. TIMOTHEUS 4,12

Jetzt habt ihr neue Kleider an, denn ihr seid neue Menschen geworden. Gott hat euch erneuert, und ihr entsprecht immer mehr dem Bild, nach dem er euch geschaffen hat. So habt ihr Gemeinschaft mit Gott und versteht immer besser, was ihm gefällt. Dann ist unwichtig, ob einer Grieche oder Jude ist, …, ob er aus einem Volk ohne hohe Kultur kommt, ob er aus einem Nomadenvolk stammt, ob er ein Sklave oder Herr ist.
Wichtig ist einzig und allein Christus, der in allen lebt.
KOLOSSER 3,10–11 (HFA)

Eine Anmerkung von Max

Selbstwert

»Denn durch dieses Opfer hat er alle, die er heiligt, für immer vollkommen gemacht« …

Unterstreichen Sie das Wort vollkommen. Achten Sie darauf, dass hier nicht das Wort besser steht. Nicht in Entwicklung. Nicht im Aufschwung begriffen. Gott verbessert nicht; er vervollkommnet. …

Jetzt verstehe ich, dass ein Sinn darin liegt, dass wir unvollkommen sind. Wir sündigen immer noch. Wir stolpern immer noch. Wir tun genau das, was wir nicht tun wollen. Dieser Teil von uns wird diesem Vers zufolge »geheiligt«.

Doch wenn es um unsere Stellung vor Gott geht, sind wir vollkommen. Wenn er einen von uns anschaut, sieht er einen Menschen, der durch den Einen, der vollkommen ist – Jesus Christus – vollkommen gemacht wurde.

AUS »RUHE IM STURM«

Verheißungen, wenn wir Gottes Liebe annehmen

Denn Gott machte Christus,
der nie gesündigt hat,
zum Opfer für unsere Sünden,
damit wir durch ihn vor Gott
gerechtfertigt werden können.
2. KORINTHER 5,21

Die Liebe wird niemals aufhören …
1. KORINTHER 13,8

Seht, wie viel Liebe
unser himmlischer Vater für uns hat,
denn er erlaubt,
dass wir seine Kinder genannt werden –
und das sind wir auch!
1. JOHANNES 3,1A

Wir haben erkannt, wie sehr Gott uns liebt,
und wir glauben an seine Liebe.
1. JOHANNES 4,16A

Eine Anmerkung von Max

Gottes Liebe annehmen

Es wird Zeit, dass Sie zulassen, dass Gottes Liebe alles in Ihrem Leben bedeckt. Alle Geheimnisse, alle Verletzungen, alle Stunden des Bösen, alle Minuten voller Sorge.

Jene Morgenstunden, als Sie im Bett eines Fremden aufwachten? Seine Liebe bedeckt sie. Die Jahre, die Sie mit Vorurteilen und Stolz verplemperten? Seine Liebe bedeckt sie. Jedes gebrochene Versprechen, jeden gestohlenen Cent, die Drogen, die Sie genommen haben. Jedes böse Wort, jedes Schimpfwort, jedes barsche Wort. Seine Liebe bedeckt alles.

Lassen Sie es zu. Entdecken Sie mit dem Psalmisten: »Er ... umgibt mich mit Liebe und Güte« (Psalm 103,4). Malen Sie sich einen riesigen Kipper voller Liebe aus, hinter dem Sie stehen. Gott hebt die Ladefläche an, bis die Liebe herunterrutscht. Zunächst langsam, dann immer mehr und mehr, bis Sie vollkommen unter seiner Liebe bedeckt und geborgen sind.

AUS »A LOVE WORTH GIVING«

Verheißungen, um Ruhe zu finden

Denk an den Sabbat und heilige ihn.
Sechs Tage in der Woche sollst du arbeiten
und deinen alltäglichen Pflichten nachkommen,
der siebte Tag aber ist ein Ruhetag
für den HERRN, deinen Gott.
An diesem Tag darf kein Angehöriger deines Hauses
irgendeine Arbeit erledigen. …
Denn in sechs Tagen hat der HERR den Himmel,
die Erde, das Meer und alles, was darin
und darauf ist, erschaffen;
aber am siebten Tag hat er geruht.
Deshalb hat der HERR den Sabbat gesegnet
und für heilig erklärt.

2. MOSE 20,8–11

Ja, Gottes Urteil ist gerecht.
Deshalb wird er alle bestrafen, die euch jetzt verfolgen.
Er wird eure Not beenden. …

2. THESSALONICHER 1,6–7A (HFA)

Denn nur wir, die wir zum Glauben gefunden haben,
werden zur Ruhe Gottes gelangen.

HEBRÄER 4,3A

Eine Anmerkung von Max

Ruhe finden

Der Wert der Zeit ist sprunghaft angestiegen. Der Wert einer Ware wird von ihrer Knappheit diktiert. Die Zeit, die einmal reichlich vorhanden war, geht jetzt an den Meistbietenden. ...

Als ich zehn Jahre alt war, wollte meine Mutter, dass ich Klavier spielen lerne. ... Jeden Nachmittag dreißig Minuten lang auf einem Klavierstuhl ausharren war eine Qual, fast genauso schlimm wie Glassplitter verschlucken. ...

An der einen oder anderen Musik fand ich schließlich doch Gefallen. Ich hämmerte die Stakkatos. Ich legte Gewicht auf die Crescendi. ... Aber mit einem war meine Klavierlehrerin nie zufrieden: mit den Pausen. Dieser zickzackförmige Befehl zum Nichtstun. Was hatte das für einen Sinn? Warum am Klavier sitzen und eine Pause einlegen, wenn man herumhämmern kann?

»Weil die Musik nach einer Pause immer angenehmer klingt«, erklärte mir meine Lehrerin geduldig.

Als Zehnjähriger leuchtete mir das nicht ein. Aber jetzt, viele Jahre später, sind diese Worte voller Weisheit – voller göttlicher Weisheit.

AUS »THE APPLAUSE OF HEAVEN«

Verheißungen, um Prioritäten zu setzen

Demut und Ehrfurcht vor dem HERRN
führen zu Reichtum, Ehre und Leben.
SPRÜCHE 22,4

Und du selbst sei ... in allem ein gutes Vorbild und ein Beispiel für die Glaubwürdigkeit und Würde deiner Lehre. Deine Verkündigung soll wahr und nicht anfechtbar sein. ... [Die Gnade Gottes] bringt uns dazu, dem Leben ohne Gott und allen sündigen Leidenschaften den Rücken zu kehren. Jetzt, in dieser Welt sollen wir besonnen, gerecht und voller Hingabe an Gott leben. Denn wir warten auf das wunderbare Ereignis, wenn die Herrlichkeit des großen Gottes und unseres Erlösers, Jesus Christus, erscheinen wird.
TITUS 2,7–8.12–13

Gott ist nicht ungerecht. Er wird nicht vergessen, wie ihr für ihn gearbeitet und eure Liebe zu ihm bewiesen habt und weiter beweist durch eure Fürsorge für andere, die auch zu Gott gehören.
Wir wünschen uns deshalb sehr, dass ihr bis zum Ende diesen Eifer behaltet, damit ihr voller Zuversicht an der Hoffnung festhalten könnt, die Gott euch gab.
HEBRÄER 6,10–11

Eine Anmerkung von Max

Prioritäten setzen

Das Stundenglas enthält nur eine begrenzte Menge Sand. Wer bekommt ihn?

Sie wissen, wovon ich spreche, oder? ...

»Der Elternbeirat braucht einen neuen Schatzmeister. Mit Ihrem Hintergrund, Ihrer Erfahrung, Ihrem Talent, Ihrem Wissen, Ihrer Liebe zu Kindern und Ihrem Abschluss als Buchhalterin sind SIE die perfekte Anwärterin für diesen Posten!« ...

Es ist wie ein Tauziehen – und Sie sind das Seil. ... Jesus sagte: »Gott segnet die Freundlichen und Bescheidenen.« Der Ausdruck freundlich und bescheiden bedeutet nicht schwach. Er bedeutet zielgerichtet. Im Urtext steht ein Wort, das benutzt wird, um einen gezähmten Hengst zu beschreiben. Kraft unter Kontrolle. Stärke mit einer Richtung.

Gott segnet die Menschen, die die Verantwortung anerkennen, die Gott ihnen gegeben hat. Gott segnet die Menschen, die bejahen, dass es nur einen Gott gibt, und die nicht mehr ihr eigener Gott sein wollen. Gott segnet die Menschen, die wissen, weshalb sie auf der Erde sind, und sich daran machen, dieses Wissen in die Tat umzusetzen.

AUS »RUHE IM STURM«

Verheißungen, um Fehler zu korrigieren

Wer seine Sünden verheimlicht,
dem wird es nicht gut gehen.
Aber wenn er sie bekennt und davon lässt,
wird er Barmherzigkeit finden.
SPRÜCHE 28,13

Wer auf hilfreiche Ermahnung hört,
gehört zu den weisen Menschen.
Wer die Zurechtweisung missachtet,
schadet sich nur selbst;
wer sie aber annimmt, gewinnt Einsicht.
Die Ehrfurcht vor dem HERRN
lehrt die Menschen Weisheit;
der Ehre geht Demut voraus.
SPRÜCHE 15,31–33

Denn im Reich Gottes ist … entscheidend,
… dass man ein Leben führt in Gerechtigkeit
und Frieden und in der Freude im Heiligen Geist.
Wenn du Christus so dienst, wirst du Gott Freude machen
und die Anerkennung der Menschen gewinnen.
Bemühen wir uns also um Frieden miteinander
und versuchen wir, einander im Glauben zu stärken.
RÖMER 14,17–19

Eine Anmerkung von Max

Fehler korrigieren

Das Do-it-yourself-Christentum ist nichts für die, die erschöpft und am Ende sind.

Selbstheiligung birgt wenig Hoffnung für die, die einer Sucht verfallen sind. …

An manchen Punkten brauchen wir mehr als einen guten Ratschlag; wir brauchen Hilfe. Irgendwann auf dem Weg nach Hause merken wir, dass die fifty-fifty Arbeitsteilung zu wenig ist. Wir brauchen mehr. …

Wir brauchen Hilfe. Hilfe im Innersten, die uns verändert. …

Nicht bei uns. Nicht über uns. Nicht um uns herum. Sondern in uns. In dem Teil unseres Wesens, den nicht einmal wir selbst richtig kennen. In unserem Herzen, das sonst nie jemand gesehen hat. In den verborgenen Kammern unseres Seins wohnt kein Engel, keine Philosophie, kein Genie, sondern Gott.

AUS »WENN GOTT DICH SANFT BEIM NAMEN RUFT«

Verheißungen, um von Gott gebraucht zu werden

Wenn jemand unter euch Weisheit braucht,
weil er wissen will,
wie er nach Gottes Willen handeln soll,
dann kann er Gott einfach darum bitten.
Und Gott, der gerne hilft,
wird ihm bestimmt antworten,
ohne ihm Vorwürfe zu machen.
JAKOBUS 1,5

Doch wenn wir ihm unsere Sünden bekennen,
ist er treu und gerecht, dass er uns vergibt
und uns von allem Bösen reinigt.
1. JOHANNES 1,9

Aber trotz all dem tragen wir
einen überwältigenden Sieg davon
durch Christus, der uns geliebt hat.
RÖMER 8,37

Eine Anmerkung von Max

Von Gott gebraucht werden

Gott gebrauchte (und gebraucht heute noch!) Menschen, um die Welt zu verändern. Menschen! Nicht Heilige oder Übermenschen oder Genies, sondern ganz normale Leute. Betrüger, Aussätzige, Liebhaber und Lügner – er kann sie alle gebrauchen, und was ihnen an Vollkommenheit abgeht, gleicht er durch Liebe aus. ...

Fragen Sie sich manchmal, wie Gott so einen wie Sie gebrauchen kann? Dann schauen Sie sich die Menschen an, die er bereits gebraucht hat. Schauen Sie sich die Vergebung an, die in Gottes offenen Armen ist, und fassen Sie Mut.

Übrigens: Nie sind diese Arme offener gewesen als am Kreuz. Der eine Arm für die Vergangenheit, der andere für die Zukunft. Eine Umarmung der Vergebung für jeden, der kommen will. Wie eine Henne, die ihre Küken sammelt. Ein Vater, der seine Kinder ruft. Ein Erlöser, der die Welt erlöst.

AUS »STAUNEN ÜBER DEN ERLÖSER«

Verheißungen, um die Vergangenheit zu bewältigen

Und wir wissen, dass für die, die Gott lieben
und nach seinem Willen zu ihm gehören,
alles zum Guten führt.
Denn Gott hat sie schon vor Beginn der Zeit
auserwählt und hat sie vorbestimmt …
RÖMER 8,28–29

Warum bin ich so mutlos? Warum so traurig?
Auf Gott will ich hoffen,
denn eines Tages werde ich ihn wieder loben,
meinen Retter und meinen Gott!
PSALM 43,5

Nein, liebe Freunde,
ich bin noch nicht alles, was ich sein sollte,
aber ich setze meine ganze Kraft für dieses Ziel ein.
Indem ich die Vergangenheit vergesse
und auf das schaue, was vor mir liegt,
versuche ich, das Rennen bis zum Ende durchzuhalten
und den Preis zu gewinnen,
für den Gott uns durch Christus Jesus bestimmt hat.
PHILIPPER 3,13–14

Eine Anmerkung von Max

Die Vergangenheit bewältigen

Vielleicht bergen Ihre Kindheitserinnerungen nur Schmerz und keine Inspiration. Sie sind von den Stimmen in der Vergangenheit nur verflucht worden; Sie wurden kleingemacht, ignoriert. Damals dachten Sie, das wäre normal. Heute wissen Sie, dass das nicht normal ist.

Und jetzt stehen Sie da und versuchen, Ihre Vergangenheit zu analysieren. ... Wollen Sie die Vergangenheit hinter sich lassen und ein Mensch werden, durch den Veränderung geschieht? Oder lassen Sie sich weiter von der Vergangenheit beherrschen und benutzen diese als Entschuldigung? ...

Denken Sie darüber nach. Geistliches Leben kommt von Gottes Geist! Ihre Eltern haben Ihnen die Gene vererbt, aber Gott gibt Ihnen Gnade. Ihr Körper ist durch Ihre Eltern entstanden, aber Gott hat Ihre Seele gemacht. Ihr Aussehen haben Sie vielleicht von Ihrer Mutter geerbt, aber die Ewigkeit haben Sie von Ihrem Vater geerbt, Ihrem himmlischen Vater. ... Und ... er möchte Ihnen gern das geben, was Ihre Familie Ihnen nicht geben konnte.

AUS »WENN GOTT DICH SANFT BEIM NAMEN RUFT«

Verheißungen für den Mut zum Träumen

Der HERR, der Allmächtige, hat es beschlossen –
wer kann es verhindern?
JESAJA 14,27A

Meine Gedanken sind nicht eure Gedanken …,
und meine Wege sind nicht eure Wege.
Denn so viel der Himmel höher ist als die Erde,
so viel höher stehen meine Wege über euren Wegen
und meine Gedanken über euren Gedanken.
Ihr werdet in Freude ausziehen
und in Frieden geleitet werden.
JESAJA 55,8–9.12

Fürchte dich nicht, denn ich bin bei dir;
hab keine Angst, denn ich bin dein Gott!
Ich mache dich stark, ich helfe dir,
mit meiner siegreichen Hand beschütze ich dich!
Denn ich bin der Herr, dein Gott.
Ich nehme dich an deiner rechten Hand und sage:
Hab keine Angst! Ich helfe dir.
JESAJA 41,10.13 (HFA)

Eine Anmerkung von Max

Mut zum Träumen

Gott freut sich immer, wenn wir den Mut zum Träumen haben. In der Tat sind wir Gott sehr ähnlich, wenn wir träumen. Der Herr freut sich über Neues. Er ist glücklich, wenn jemand über das Altbekannte hinausgeht. Er hat in einem Buch geschrieben, wie das Unmögliche möglich wird. Beispiele? Lesen Sie selbst nach.

Achtzig Jahre alte Hirten liefern sich normalerweise keine gefährlichen Mutproben mit Pharaos, doch sagen Sie das nicht Mose.

Üblicherweise werden zwischen Hirtenjungen und Riesen keine Entscheidungskämpfe ausgetragen, doch sagen Sie das nicht David.

Hirten im Nachtdienst hören normalerweise keine Engel singen und besuchen Gott nicht in einem Stall, aber sagen Sie das nicht der Gruppe von Bethlehem.

Bei Gott ist eben alles möglich.

AUS »AND THE ANGELS WERE SILENT«

Verheißungen, um die richtigen Entscheidungen zu treffen

Vertraue von ganzem Herzen auf den HERRN
und verlass dich nicht auf deinen Verstand.
Denke an ihn, was immer du tust,
dann wird er dir den richtigen Weg zeigen.
SPRÜCHE 3,5–6

Deshalb sollt ihr euer altes Wesen
und eure frühere Lebensweise ablegen,
die durch und durch verdorben war und euch
durch trügerische Leidenschaften zugrunde richtete.
Lasst euch stattdessen einen neuen Geist
und ein verändertes Denken geben.
Als neue Menschen, geschaffen nach dem Ebenbild Gottes
und zur Gerechtigkeit, Heiligkeit und Wahrheit berufen,
sollt ihr auch ein neues Wesen annehmen.
EPHESER 4,22–24

Gehorcht Gott, weil ihr seine Kinder seid.
Fallt nicht in eure alten,
schlechten Gewohnheiten zurück.
Damals wusstet ihr es nicht besser.
Aber jetzt sollt ihr in allem, was ihr tut, heilig sein,
genauso wie Gott, der euch berufen hat, heilig ist.
1. PETRUS 1,14–15

Eine Anmerkung von Max

Die richtigen Entscheidungen treffen

Ich habe etwas gegen lügnerische Stimmen, die unsere Welt mit Lärm erfüllen.

Auch Sie haben diese Stimmen schon gehört. Sie rufen Ihnen zu, Ihre Ehrlichkeit für einen neuen Kaufvertrag hinzugeben, Ihre Überzeugungen gegen ein leichtes Geschäft auszutauschen, Ihren Glauben für eine schnelle Triebbefriedigung preiszugeben.

Sie flüstern. Sie locken. Sie höhnen. Sie peinigen. Sie kokettieren. Sie schmeicheln. »Nun mach schon, es ist in Ordnung.« »Warte einfach bis morgen.« »Keine Sorge, niemand wird es erfahren.« ... Die Welt hämmert an Ihre Tür; Jesus klopft leise an. Die Stimmen schreien nach Ihrer Ergebenheit; Jesus bittet sanft und liebevoll darum. Die Welt verspricht glitzerndes Vergnügen; Jesus verspricht ein ruhiges Gastmahl ... mit Gott.

Welche Stimme hören Sie?

AUS »RUHE IM STURM«

Verheißungen
über
Jesus

Verheißungen zu Jesus, dem Erlöser

Denn Gott hat die Welt so sehr geliebt,
dass er seinen einzigen Sohn hingab,
damit jeder, der an ihn glaubt, nicht verloren geht,
sondern das ewige Leben hat.
Gott sandte seinen Sohn nicht in die Welt,
um sie zu verurteilen,
sondern um sie durch seinen Sohn zu retten.
JOHANNES 3,16–17

Wenn du mit deinem Mund bekennst,
dass Jesus der Herr ist,
und wenn du in deinem Herzen glaubst,
dass Gott ihn von den Toten auferweckt hat,
wirst du gerettet werden.
RÖMER 10,9

Wir haben es selbst erlebt,
und darum bezeugen wir:
Gott, der Vater,
hat seinen Sohn in diese Welt gesandt,
um sie zu retten.
1. JOHANNES 4,14 (HFA)

Eine Anmerkung von Max

Jesus, der Erlöser

Er schaute über den Hügel und sah ein Bild voraus. An drei Kreuzen hingen drei Gestalten. Mit weit auseinandergestreckten Armen und nach vorne gefallenem Kopf. Sie stöhnten mit dem Wind. Männer in Soldatenuniformen saßen auf dem Boden in der Nähe der drei. ...

Männer in religiösen Gewändern standen auf einer Seite. Sie lächelten. Arrogant, hochnäsig. ... Von Gram erfüllte Frauen drängten sich am Fuß des Hügels aneinander. ... Tränen liefen über ihr Gesicht. ...

Der ganze Himmel stand kampfbereit. Die ganze Natur erhob sich, um dazwischenzutreten. Die ganze Ewigkeit war bereit, einzugreifen. Doch der Schöpfer gab keinen Befehl.

»Es muss getan werden ...«, sagte er und zog sich zurück. ...

Der Engel sprach wieder: »Es wäre weniger schmerzlich ...«

Der Schöpfer unterbrach ihn sanft: »Aber es wäre keine Liebe.«

AUS »RUHE IM STURM«

Verheißungen zu Jesus, unserem Herrn

Deshalb hat Gott ihn in den Himmel gehoben
und ihm einen Namen gegeben,
der höher ist als alle anderen Namen.
Vor diesem Namen sollen sich die Knie aller beugen,
die im Himmel und auf der Erde und unter der Erde
sind. Und zur Ehre Gottes, des Vaters,
werden alle bekennen, dass Jesus Christus Herr ist.
PHILIPPER 2,9–11

Denn wir gehören nicht uns selbst,
ganz gleich, ob wir leben oder sterben.
Wenn wir leben, leben wir,
um dem Herrn Freude zu machen,
und wenn wir sterben, sterben wir,
um beim Herrn zu sein.
Ob wir nun leben oder sterben:
Wir gehören dem Herrn.
RÖMER 14,7–8

Denn der Lohn der Sünde ist der Tod;
das unverdiente Geschenk Gottes dagegen
ist das ewige Leben
durch Christus Jesus, unseren Herrn.
RÖMER 6,23

Eine Anmerkung von Max

Jesus, unser Herr

Gerechtigkeit und Ungerechtigkeit wohnen Schulter an Schulter, und das Leben ist immer nur ein Uhrenticken weit vom Tod entfernt. Das Böse und das Gute scheinen nur durch einen dünnen Vorhang voneinander getrennt zu sein ...

Es ist diese Unberechenbarkeit des Lebens, die uns alle gleichsam in ständiger Alarmbereitschaft leben lässt.

Aber inmitten dieser Unberechenbarkeit hatte Gott seine größte Stunde. Niemals ist das Schmutzige dem Heiligen so nahe gekommen wie auf Golgatha. Nirgends hat das Gute in der Welt sich so mit dem Bösen verschlungen wie am Kreuz. Nie sind Recht und Unrecht, richtig und falsch so auf Tuchfühlung miteinander gewesen wie damals, als Jesus zwischen Himmel und Erde hing.

Gott an einem Kreuz. Der tiefste Abgrund der Menschheit. Die höchste Höhe Gottes.

AUS »STAUNEN ÜBER DEN ERLÖSER«

Verheißungen, dass Jesus auferstanden ist

Jesus sagte zu ihr: »Ich bin die Auferstehung und das Leben. Wer an mich glaubt, wird leben, auch wenn er stirbt. Er wird ewig leben, weil er an mich geglaubt hat, und niemals sterben.«
JOHANNES 11,25–26A

Tatsächlich aber ist Christus als Erster von den Toten auferstanden. So können wir sicher sein, dass auch die übrigen Toten auferweckt werden.
1. KORINTHER 15,20 (HFA)

Wir wissen, dass derselbe Gott, der Jesus, unseren Herrn, auferweckt hat, auch uns mit Jesus auferwecken wird und uns zusammen mit euch vor sich hintreten lassen wird.
2. KORINTHER 4,14

Denn weil wir glauben, dass Jesus starb und wieder auferstanden ist, glauben wir auch, dass Gott durch Jesus alle verstorbenen Gläubigen wiederbringen wird, wenn Jesus kommt.
1. THESSALONICHER 4,14

Eine Anmerkung von Max

Jesus ist auferstanden

Die Menschen, die mit Jesus während seines Erdenlebens persönlich zusammen waren, wussten, dass an ihm etwas Besonderes war. Wenn er blinde Bettler berührte, wurden sie sehend. Auf seinen Befehl hin konnten Gelähmte gehen. Wenn er einen Menschen umarmte, wurde ein leeres Leben mit Hoffnung erfüllt.

Mit einem einzigen Brotkorb machte er Tausende satt. Er stillte einen Sturm mit einem einzigen Befehl. Mit einem einzigen Ruf erweckte er Tote zum Leben. Mit einer einzigen Aufforderung veränderte er das Leben von Menschen. Mit einem einzigen Leben verwandelte er den Lauf der Geschichte. Er lebte in einem einzigen Land, wurde in einem Stall geboren und starb auf einem Hügel.

Er wurde Mensch, damit wir ihm unser Vertrauen schenken können. Er wurde zum Opfer, damit wir ihn kennenlernen können. Er besiegte den Tod, damit wir ihm nachfolgen können.

Gott tut, was der Mensch nicht tun kann.

AUS »AND THE ANGELS WERE SILENT«

Verheißungen, dass Jesus um uns besorgt ist

Die Augen des HERRN blicken über die ganze Erde,
um die zu stärken, deren Herzen ganz ihm gehören.
2. CHRONIK 16,9A

Doch du, HERR, umgibst mich mit deinem Schutz,
du bist meine Ehre und richtest mich auf.
PSALM 3,4

Aber der Herr ist treu; er wird euch stärken
und euch vor dem Bösen bewahren.
2. THESSALONICHER 3,3

Ich liebe den HERRN,
denn er hört, wenn ich rufe.
Weil er ein offenes Ohr für mich hat,
will ich zu ihm beten, solange ich lebe!
PSALM 116,1–2

Eine Anmerkung von Max

Jesus ist um uns besorgt

Der Hirte kennt seine Schafe. Er ruft seine Schafe mit Namen.

Wenn wir eine Menschenmenge sehen, sehen wir genau das: eine Menschenmenge. ... Wir sehen viele Menschen, aber nicht einzelne Personen. Eine Herde von Leuten. Eine Herde von Gesichtern. Das ist das, was wir sehen.

Aber beim Hirten ist das anders. Für ihn sieht jedes Gesicht anders aus. Jedes Gesicht hat eine Geschichte. Jedes Gesicht ist ein Kind. Jedes Kind hat einen Namen. ...

Der Hirte kennt seine Schafe. Er kennt jedes mit Namen. Der Hirte kennt Sie. Er kennt Ihren Namen. Und er wird ihn nie vergessen.

AUS »WENN GOTT DICH SANFT BEIM NAMEN RUFT«

Verheißungen zu Jesus, unsere Hoffnung

Gelobt sei der Gott und Vater unseres Herrn Jesus Christus,
denn er hat uns in seiner großen Barmherzigkeit
das Vorrecht geschenkt, wiedergeboren zu werden.
Jetzt haben wir eine lebendige Hoffnung,
weil Jesus Christus von den Toten auferstanden ist.
1. PETRUS 1,3

Ich verlasse mich nicht mehr auf mich selbst
oder auf meine Fähigkeit, Gottes Gesetz zu befolgen,
sondern ich vertraue auf Christus, der mich rettet.
Denn nur durch den Glauben werden wir vor Gott
gerecht gesprochen. Mein Wunsch ist es, Christus zu
erkennen und die mächtige Kraft, die ihn von den Toten
auferweckte, am eigenen Leib zu erfahren. Ich möchte
lernen, was es heißt, mit ihm zu leiden, indem ich
an seinem Tod teilhabe, damit auch ich eines Tages
von den Toten auferweckt werde!
PHILIPPER 3,9–11

Gott gab uns also sowohl seine Zusage als auch
seinen Eid, die beide unabänderlich sind, weil Gott nicht
lügt. Das ist für uns, die wir bei ihm Zuflucht gesucht
haben, eine große Ermutigung, denn wir wollen ja
das vor uns liegende Ziel, die Erfüllung der Hoffnung,
erreichen. Diese Zuversicht ist wie ein starker
und vertrauenswürdiger Anker für unsere Seele.
HEBRÄER 6,18–19A

Eine Anmerkung von Max

Jesus, unsere Hoffnung

Der, zu dem wir beten, kennt unsere Gefühle. ... Er weiß, wie es ist, entmutigt zu sein oder hungrig oder müde und erschöpft. Er weiß, wie wir uns fühlen, wenn der Wecker rasselt. Oder wenn unsere Kinder alle gleichzeitig quengeln. Er nickt verständnisvoll, wenn wir beim Beten wütend sind. Er versteht uns, wenn wir nicht mehr wissen, wie wir unser Pensum schaffen sollen. Er lächelt, wenn wir ihm unsere Müdigkeit bekennen. ...

Er will, dass wir nicht vergessen, dass auch er ein Mensch war. Er will, dass wir begreifen, dass auch er das Einerlei und die Müdigkeit eines langen Tages kannte. Er will, dass wir sehen, dass unser Bahnbrecher keine kugelsichere Weste trug, keine Gummihandschuhe, keine Ritterrüstung. Unser Erlöser Jesus stand mitten in der Welt, der Sie und ich jeden Tag gegenüberstehen.

AUS »STAUNEN ÜBER DEN ERLÖSER«

Verheißungen zu Jesus, unserem unveränderlichen Gott

Noch bevor die Berge erschaffen wurden,
bevor du die Erde und das Weltall schufst,
warst du Gott. …
PSALM 90,2

Du bist vor mir und hinter mir
und legst deine schützende Hand auf mich.
Dieses Wissen ist zu wunderbar für mich,
zu groß, als dass ich es begreifen könnte!
PSALM 139,5–6

Gott entgegnete:
»Ich bin, der ich immer bin. …«
2. MOSE 3,14A

Eine Anmerkung von Max

Jesus, unser unveränderlicher Gott

Beziehungen ändern sich. Die Gesundheit ändert sich. Das Wetter ändert sich. Aber der Gott, der die Erde gestern regierte, ist derselbe Gott, der die Erde auch heute regiert. Dieselben Überzeugungen. Derselbe Plan. Dieselbe Stimmung. Dieselbe Liebe. Er ändert sich nie. Wir können Gott so wenig ändern wie ein Kieselstein die Wellen des Pazifischen Ozeans in eine andere Richtung drängen kann. Er ist unser Orientierungspunkt. Brauchen wir nicht einen Fixpunkt? Brauchen wir nicht einen unveränderlichen Hirten?

Psychologen können uns im Sturm trösten, aber wir brauchen einen Gott, der den Sturm stillen kann. Freunde können uns an unserem Sterbebett die Hand halten, aber wir brauchen einen Gott, der das Grab besiegt hat. Philosophen können tiefschürfend über den Sinn des Lebens sprechen, aber wir brauchen einen Herrn, der uns den Sinn des Lebens zeigen kann.

AUS »TRAVELING LIGHT«

Verheißungen zu Jesus, dem guten Hirten

Der HERR ist mein Hirte,
ich habe alles, was ich brauche.
Er lässt mich in grünen Tälern ausruhen,
er führt mich zum frischen Wasser.
Er gibt mir Kraft.
Er zeigt mir den richtigen Weg
um seines Namens willen.
PSALM 23,1–3

Ich bin der gute Hirte.
Der gute Hirte opfert sein Leben für die Schafe.
Ich bin der gute Hirte;
ich kenne meine Schafe und sie kennen mich,
so wie mein Vater mich kennt und ich den Vater.
Ich gebe mein Leben für die Schafe.
JOHANNES 10,11.14

Ich wünsche euch, dass der Gott des Friedens,
der unseren Herrn Jesus, den großen Hirten der Schafe,
durch das Blut des ewigen Bundes von den Toten
zurückgebracht hat, euch mit allem versorgt,
was ihr braucht, um seinen Willen zu tun.
Ich wünsche mir, dass er durch die Kraft
von Jesus Christus all das in uns wachsen lässt,
was ihm Freude macht.
Ihm gehört die Ehre für immer und ewig! Amen.
HEBRÄER 13,20–21

Eine Anmerkung von Max

Jesus, der gute Hirte

Schafe sind nicht klug. Sie neigen dazu, zum Trinken in Sturzbäche zu steigen; dann saugt ihr Fell sich voll Wasser, und sie ertrinken. Sie brauchen einen Hirten, der sie zu »stillen Wassern« führt (Psalm 23,2 LUT). Sie haben keine natürlichen Verteidigungswaffen – weder Krallen noch Hörner noch Reißzähne. Sie sind völlig hilflos. Schafe brauchen einen Hirten mit »Stecken und Stab« (Psalm 23,4 LUT), um sie zu beschützen. Sie besitzen keinerlei Orientierungssinn und brauchen jemanden, der sie »auf rechter Straße« führt (Psalm 23,3 LUT).

Genauso ist es mit uns. Auch wir lassen uns leicht von Wassern verführen, denen wir hätten ausweichen sollen. Wir haben keine Verteidigung gegen den bösen Löwen, der brüllend umhergeht und sucht, wen er verschlingen könnte. Auch wir verirren uns schnell. ...

Wir brauchen einen Hirten ..., einen Hirten, der für uns sorgt und uns führt. Und den haben wir. Einen, der uns mit Namen kennt.

AUS »WIE DU GOTT GANZ VERTRAUEN KANNST«

Verheißungen zu Jesus, unserem Lastenträger

Bring deine Sorgen vor den HERRN,
er wird dir helfen. Er wird nicht zulassen,
dass der Gottesfürchtige stürzt und fällt.
PSALM 55,23

Jedes Mal sagte [der Herr]:
»Meine Gnade ist alles, was du brauchst.
Meine Kraft zeigt sich in deiner Schwäche.« …
Da ich weiß, dass es für Christus geschieht,
bin ich mit meinen Schwächen, Entbehrungen,
Schwierigkeiten, Verfolgungen und Beschimpfungen
versöhnt. Denn wenn ich schwach bin, bin ich stark.
2. KORINTHER 12,9–10

Da Christus also körperlich gelitten hat,
sollt auch ihr euch diese Haltung zum Vorbild nehmen
und ebenfalls bereit sein zu leiden.
Denn wenn ihr bereit seid, für Christus zu leiden,
habt ihr euch gegen die Sünde entschieden.
Und den Rest eures Lebens werdet ihr nicht mehr
mit euren selbstsüchtigen Leidenschaften vergeuden,
sondern darauf bedacht sein, den Willen Gottes zu tun.
1. PETRUS 4,1–2

Eine Anmerkung von Max

Jesus, unser Lastenträger

Wenn es um die Wiederherstellung unseres geistlichen Zustandes geht, haben wir nicht den Hauch einer Chance. Wir könnten genauso gut einen Stabhochsprung über den Mond versuchen. Wir haben nicht, was zu einer Wiederherstellung erforderlich ist. Unsere einzige Hoffnung ist, dass Gott für uns das tut, was er für den Mann am Teich Bethesda getan hat, nämlich dass er aus dem Tempel tritt und in unser Gefängnis der Verletzung und Hilflosigkeit kommt.

Genau das hat er getan. ...

Ich wünschte, wir würden Jesus beim Wort nehmen. ...

Wenn er sagt, dass uns vergeben wurde, dann laden wir doch die Schuld ab.

Wenn er sagt, dass wir wertvoll sind, dann glauben wir ihm doch.

Wenn er sagt, dass wir ewiges Leben haben, dann begraben wir doch unsere Angst.

Wenn er sagt, dass für uns gesorgt ist, dann hören wir doch auf, uns Sorgen zu machen.

Der Einsatz Gottes ist am stärksten, wenn unsere Anstrengungen nutzlos sind.

AUS »HE STILL MOVES STONES«

Verheißungen zu Jesus, unserer Sicherheit

Gott allein kann uns davor bewahren,
dass wir vom rechten Weg abirren.
So können wir von Schuld befreit
und voller Freude vor ihn treten.
JUDAS 24 (HFA)

Aber der Herr ist treu; er wird euch stärken
und euch vor dem Bösen bewahren.
2. THESSALONICHER 3,3

Wir bitten für euch, dass Jesus Christus,
unser Herr, und Gott, unser Vater, der uns geliebt
und uns in seiner Gnade bleibenden Trost
und gute Hoffnung geschenkt hat,
eure Herzen ermutige und euch stärke in allem,
was ihr sagt und tut!
2. THESSALONICHER 2,16–17

Denn Gott hat für seine Kinder
ein unvergängliches Erbe,
das rein und unversehrt im Himmel für euch
aufbewahrt wird. Und in seiner großen Macht
wird er euch durch den Glauben beschützen,
bis ihr das ewige Leben empfangt.
Es wird am Ende der Zeit
für alle sichtbar offenbart werden.
1. PETRUS 1,4–5

Eine Anmerkung von Max

Jesus, unsere Sicherheit

Sie und ich, wir befinden uns auf einer großen Kletterpartie. Die Wand ist hoch und der Einsatz noch höher. Den ersten Fuß setzten Sie, als Sie Christus als den Sohn Gottes bekannten. Er gab Ihnen seinen Gurt – den Heiligen Geist. In Ihre Hände legte er ein Seil – sein Wort.

Ihre ersten Schritte waren zuversichtlich und stark, doch im Verlauf der Tour machten sich die ersten Zeichen von Müdigkeit bemerkbar, und mit der Höhe stellte sich die Angst ein. Sie verloren an Boden. Sie verloren Ihre Zielstrebigkeit. Sie verloren den Halt und stürzten. Einen Augenblick lang, der Ihnen wie eine Ewigkeit erschien, taumelten Sie wild durch die Luft. Völlig außer Kontrolle. Ohne Selbstbeherrschung. Verwirrt. Losgelöst. Im freien Fall.

Doch dann straffte sich das Seil, und das Taumeln verebbte. Sie hingen in Ihrem Gurt und stellten fest, dass er stark war. Sie packten das Seil und merkten, dass es echt war. ... Und obwohl Sie Ihren Bergführer nicht sehen können, kennen Sie ihn. Sie wissen, dass er stark ist. Sie wissen, dass er fähig ist, Sie vor dem Absturz zu bewahren.

AUS »WIE DU GOTT GANZ VERTRAUEN KANNST«

Verheißungen zu Jesus, der Herrlichkeit in Ewigkeit

Siehe! Er kommt mit den Wolken des Himmels.
Und alle werden ihn sehen …
Und alle Völker der Erde werden um ihn trauern.
Ja! Amen!
OFFENBARUNG 1,7

Deshalb haltet euch bereit, denn ihr wisst nicht,
wann euer Herr wiederkommt.
Denn der Menschensohn wird kommen,
wenn ihr es am wenigsten erwartet.
MATTHÄUS 24,42.44

Und genauso, wie es bestimmt ist,
dass jeder Mensch nur einmal stirbt,
worauf das Gericht folgt,
genauso starb auch Christus nur einmal als Opfer,
um die Sünden vieler Menschen wegzunehmen.
Er wird wiederkommen,
aber nicht noch einmal wegen unserer Schuld,
sondern er wird all denen Rettung bringen,
die sehnsüchtig auf seine Rückkehr warten.
HEBRÄER 9,27–28

Eine Anmerkung von Max

Die Herrlichkeit in Ewigkeit

Jeder Mensch, der jemals gelebt hat, wird an dieser letzten Zusammenkunft teilnehmen. Jedes Herz, das jemals geschlagen hat, jeder Mund, der jemals gesprochen hat. An jenem Tag werden Sie von einer unübersehbaren Menschenmenge umgeben sein. Reiche, Arme, Berühmte, Unbekannte, Könige, Landstreicher, Hochintelligente, Schwachsinnige. Alle werden da sein. Und alle werden in eine Richtung schauen. Alle werden ihn, den Menschensohn, in seiner Pracht und in seinem Glanz anschauen.

Sie werden niemanden sonst anschauen. Kein Seitenblick, um zu sehen, was die anderen anhaben. Kein Flüstern über neuen Schmuck, keine Bemerkungen darüber, wer da ist. Bei dieser größten Zusammenkunft in der Geschichte werden Sie nur für einen Augen haben.

AUS »AND THE ANGELS WERE SILENT«

Verheißungen
in
besonderen Situationen

Verheißungen, um vor Gott gerecht zu sein

*Die Liebe fügt niemandem Schaden zu;
deshalb ist die Liebe die Erfüllung von Gottes Gesetz.
Führt euer Leben auf diese Weise,
weil ihr wisst, dass die Zeit begrenzt ist.
Wacht auf, denn wir sind unserer Rettung
jetzt näher als zu Beginn unseres Glaubens.*
RÖMER 13,10–11

*Deshalb ehrt den HERRN und dient ihm treu
und beständig. … Dient allein dem HERRN!
Wenn ihr aber nicht bereit seid,
dem HERRN zu dienen,
dann entscheidet euch heute,
wem ihr dienen wollt.*
JOSUA 24,14–15

*Wenn wir Jesus immer besser kennenlernen,
gibt seine göttliche Kraft uns alles, was wir brauchen,
um ein Leben zu führen, über das sich Gott freut.
Er hat uns durch seine Herrlichkeit und Güte berufen!
Und durch dieselbe mächtige Kraft hat er uns
seine kostbaren und größten Zusagen geschenkt.
Er hat versprochen, dass ihr Anteil an seiner göttlichen
Natur haben werdet, denn ihr seid dem Verderben
dieser verführerischen Welt entflohen.*
2. PETRUS 1,3–4

Eine Anmerkung von Max

Gerecht vor Gott

Wir dürsten.
Wir dürsten nicht nach Ruhm, Besitz, Leidenschaft oder Liebesaffären. Davon haben wir bereits gekostet. Sie sind Salzwasser in der Wüste. Sie löschen den Durst nicht, sie töten.

»Gott segnet die, die nach Gerechtigkeit hungern. ...«

Gerechtigkeit. Das ist es. Danach dürsten wir. Wir dürsten nach einem reinen Gewissen. Wir sehnen uns nach einer weißen Weste. Wir brennen auf einen Neuanfang. Wir beten um eine Hand, die in die dunkle Höhle unserer Welt greift und das eine für uns tut, das wir nicht tun können: uns wieder gerecht machen.

AUS »THE APPLAUSE OF HEAVEN«

Verheißungen im Angesicht des Todes

Auch wenn ich durch das dunkle Tal des Todes gehe,
fürchte ich mich nicht, denn du bist an meiner Seite.
Dein Stecken und Stab schützen und trösten mich.
PSALM 23,4

Denn [in einem Haus, in dem getrauert wird,]
wird dir bewusst,
dass jeder Mensch einmal sterben muss –
daran sollte sich jeder Mensch
während seines Lebens erinnern.
PREDIGER 7,2

Lehre uns, unsere Zeit zu nutzen,
damit wir weise werden.
PSALM 90,12

Jeder Tag meines Lebens
war in deinem Buch geschrieben.
Jeder Augenblick stand fest,
noch bevor der erste Tag begann.
PSALM 139,16B

Eine Anmerkung von Max

Im Angesicht des Todes

Treten Sie dem Tod nicht ohne Gott entgegen. Sprechen Sie nicht einmal über den Tod, ohne zu Gott zu sprechen. Er und nur er allein kann Sie durch das dunkle Tal begleiten. Andere können spekulieren oder Hoffnungen machen, aber nur Gott kennt den Weg, auf dem Sie nach Hause gelangen. Und nur Gott hat sich verpflichtet, Sie sicher nach Hause zu bringen.

Jesus sagte: »Es gibt viele Wohnungen im Haus meines Vaters, und ich gehe voraus, um euch einen Platz vorzubereiten. Wenn es nicht so wäre, hätte ich es euch dann so gesagt? Wenn dann alles bereit ist, werde ich kommen und euch holen, damit ihr immer bei mir seid, dort, wo ich bin« (Johannes 14,2-3).

Er sichert uns zu, dass er uns nach Hause holt. Er überträgt diese Aufgabe keinem anderen. Er kann Missionare schicken, die unterrichten, Engel, die uns schützen, Lehrer, die uns anleiten, Sänger, die uns begeistern, und Ärzte, die uns heilen. Aber er schickt niemanden, um uns abzuholen. Diese Aufgabe behält er sich selbst vor.

AUS »TRAVELING LIGHT«

Verheißungen, wenn wir überfordert sind

HERR, erhöre meine Gebete,
denn deine Gnade tröstet mich.
Wende dich in deiner großen Barmherzigkeit zu mir
und sorge für mich. Verbirg dich nicht vor mir,
erhöre mich bald, denn meine Angst ist groß!
Komm und rette mich,
befreie mich von meinen Feinden.
PSALM 69,17–19

Ich liebe den HERRN, denn er hört, wenn ich rufe.
Weil er ein offenes Ohr für mich hat,
will ich zu ihm beten, solange ich lebe!
PSALM 116,1–2

Denn ich weiß genau, welche Pläne ich für euch gefasst habe .... Mein Plan ist, euch Heil zu geben und kein Leid. Ich gebe euch Zukunft und Hoffnung.
Wenn ihr dann zu mir rufen werdet, will ich euch antworten; wenn ihr zu mir betet, will ich euch erhören.
Wenn ihr mich sucht, werdet ihr mich finden;
ja, wenn ihr ernsthaft, mit ganzem Herzen nach mir verlangt, werde ich mich von euch finden lassen. ...
JEREMIA 29,11–13

Eine Anmerkung von Max

Überfordert

Hatten Sie schon einmal den Eindruck, dass sich das Rad Ihres Lebens immer schneller dreht und dass Sie an den Menschen, die Sie lieben, nur vorbeirennen? Bräuchten Sie eine Anleitung, um alles etwas zu verlangsamen?

Lesen Sie, was Jesus am letzen Sabbat seines Lebens tat. Beginnen Sie mit dem Matthäusevangelium. Dort finden Sie nichts? Versuchen Sie es bei Markus. ... Auch nichts? Seltsam. Und was schreibt Lukas? Er erwähnt den Tag mit keinem einzigen Wort. Gut, versuchen wir es bei Johannes. Bestimmt schreibt Johannes etwas über diesen Sabbat. Nein? Keine Angabe? Hmmm. Anscheinend hat Jesus diesen Tag in aller Stille und ruhig verbracht.

»Moment mal. Ist das alles?« Ja, es ist alles.

»Du meinst, obwohl die Apostel ausgebildet werden mussten und noch so viele Menschen auf Unterweisung warteten, hat er diesen Tag zum Ausruhen und Beten genutzt?«

Offensichtlich.

AUS »AND THE ANGELS WERE SILENT«

Verheißungen zu Gottes Antworten auf unsere Gebete

Bittet, und ihr werdet erhalten, um was ihr gebeten habt.
Sucht und ihr werdet finden.
Klopft an, und die Tür wird euch geöffnet werden.
Denn wer bittet, wird erhalten.
Wer sucht, wird finden.
Und die Tür wird jedem geöffnet, der anklopft.
MATTHÄUS 7,7–8

Ihr seht also, dass es unmöglich ist,
ohne Glauben Gott zu gefallen.
Wer zu ihm kommen möchte,
muss glauben, dass Gott existiert
und dass er die, die ihn aufrichtig suchen, belohnt.
HEBRÄER 11,6

Und wir dürfen zuversichtlich sein,
dass er uns erhört, wenn wir ihn um etwas bitten,
das seinem Willen entspricht.
Und wenn wir wissen, dass er unsere Bitten hört,
dann können wir auch sicher sein,
dass er uns gibt, worum wir ihn bitten.
1. JOHANNES 5,14–15

Eine Anmerkung von Max

Gottes Antworten auf unsere Gebete

»Geht zurück zu Johannes und berichtet ihm, was ihr gesehen und gehört habt: Blinde sehen, Gelähmte gehen ... und den Armen wird die gute Botschaft verkündet« (Matthäus 11,4–5).

Das war die Antwort von Jesus auf die quälenden Zweifel, die Johannes im Gefängnis zu der Frage veranlassten: »Bist du wirklich der, der kommen soll, oder sollen wir auf einen anderen warten?« (Matthäus 11,3).

Wir wissen nicht, wie Johannes die Mitteilung von Jesus aufgenommen hat, aber wir können es uns vorstellen. Ich glaube, dass ein leichtes Lächeln über seine Lippen huschte, als er hörte, was sein Herr sagte. Denn jetzt hatte er es begriffen. Es lag nicht daran, dass Jesus schwieg, es lag daran, dass Johannes nach der falschen Antwort lauschte. Johannes erwartete eine Antwort auf seine irdischen Probleme, während Jesus seine himmlischen Probleme löste.

Daran sollten Sie das nächste Mal denken, wenn Sie das Schweigen Gottes hören.

AUS »THE APPLAUSE OF HEAVEN«

Verheißungen zur Sehnsucht nach dem Himmel

Wen habe ich im Himmel außer dir?
Du bist mir wichtiger als alles andere auf der Erde.
Selbst krank und völlig geschwächt,
bleibt Gott der Trost meines Herzens,
er gehört mir für immer und ewig.
PSALM 73,25–26

Es gibt viele Wohnungen im Haus meines Vaters,
und ich gehe voraus, um euch einen Platz vorzubereiten.
Wenn es nicht so wäre, hätte ich es euch dann so gesagt?
Wenn dann alles bereit ist, werde ich kommen
und euch holen, damit ihr immer bei mir seid,
dort, wo ich bin.
JOHANNES 14,2–3

Kein Auge hat je gesehen,
kein Ohr je gehört und kein Verstand je erdacht,
was Gott für diejenigen bereithält, die ihn lieben.
1. KORINTHER 2,9

Eine Anmerkung von Max

Sehnsucht nach dem Himmel

Das größte Unglück, das uns begegnen kann, besteht darin, uns hier auf der Erde zu Hause zu fühlen. Solange wir Fremdlinge sind, können wir unsere wahre Heimat nicht vergessen. ...

Wer hier auf der Erde unglücklich ist, fördert damit seinen Hunger nach dem Himmel. Indem Gott uns in seiner Gnade eine tiefe Unzufriedenheit gibt, bleibt unsere Aufmerksamkeit auf die Zukunft ausgerichtet. Deshalb besteht die einzige Tragödie darin, sich zu früh zufriedenzugeben. Sich hier auf der Erde gemütlich einzurichten. ...

Wir sind hier nicht glücklich, weil wir hier auch gar nicht glücklich sein sollen. Wir sind »Fremdlinge in der Welt« (1. Petrus 2,11). ...

Und wir werden niemals vollkommen glücklich auf der Erde sein, weil wir einfach nicht für die Erde geschaffen sind. Natürlich erleben wir Momente, ja sogar Tage des Friedens. Aber sie lassen sich einfach nicht mit der Glückseligkeit vergleichen, die erst noch kommen wird.

AUS »WENN GOTT DICH SANFT BEIM NAMEN RUFT«

Verheißungen zum Kampf mit der Weltlichkeit

Denkt nicht an weltliche Angelegenheiten,
sondern konzentriert eure Gedanken auf ihn!
Denn ihr seid gestorben, als Christus starb,
und euer wahres Leben ist mit Christus
in Gott verborgen.
KOLOSSER 3,2–3

Ist euch denn nicht bewusst,
dass die Freundschaft mit dieser Welt
euch zu Feinden Gottes macht?
Ich sage es noch einmal:
Wer ein Freund der Welt sein will,
wird zum Feind Gottes.
JAKOBUS 4,4

Hört auf, diese Welt und das, was sie euch anbietet,
zu lieben! Denn wer die Welt liebt,
zeigt, dass die Liebe des Vaters nicht in ihm ist.
Denn die Welt kennt nur das Verlangen
nach körperlicher Befriedigung,
die Gier nach allem, was unsere Augen sehen,
und den Stolz auf unseren Besitz.
Dies alles ist nicht vom Vater,
sondern kommt von der Welt.
Doch diese Welt vergeht mit all ihren Verlockungen.
Aber wer den Willen Gottes tut, wird in Ewigkeit leben.
1. JOHANNES 2,15–17

Eine Anmerkung von Max

Der Kampf mit der Weltlichkeit

Johannes der Täufer würde heute nirgendwo als Sprecher eingeladen. Keine Gemeinde würde sich auf ihn einlassen. Für die Öffentlichkeitsarbeit wäre er eine Katastrophe. Er »trug ein Gewand aus Kamelhaaren und einen ledernen Gürtel um seine Lenden und aß Heuschrecken und wilden Honig« (Markus 1,6 LUT). Wer würde schon jeden Sonntag einen solchen Kerl ansehen wollen?

Seine Botschaft war derb wie sein Gewand: eine ungeschminkte, donnernde Herausforderung, Buße zu tun, weil Gott nahe war. ...

Johannes der Täufer widmete sich einer einzigen Aufgabe: eine Stimme Christi zu sein. Alles in seinem Leben konzentrierte sich auf diese Aufgabe. Seine Kleidung. Seine Ernährungsweise. Sein Handeln. Seine Forderungen. ...

Man braucht der Welt nicht gleich zu sein, um die Welt zu beeinflussen. ... Man braucht nicht auf ihre Ebene hinabzusteigen, um sie auf die eigene Ebene hinaufzuziehen. ... Heiligkeit trachtet nicht danach, seltsam zu sein. Heiligkeit trachtet danach, Gott ähnlich zu sein.

AUS »WIE DU GOTT GANZ VERTRAUEN KANNST«

Inspirierte Verheißungen zum Älterwerden

Ich will euer ganzes Leben lang euer Gott sein –
ich werde euch tragen, bis euer Haar vom Alter ergraut.
Ich habe es getan und ich werde euch weiterhin tragen.
Ich werde euch auf meine Schulter laden und euch retten.
JESAJA 46,4

Ich habe ein langes Leben hinter mir,
doch nie habe ich erlebt, dass die,
die auf Gott vertrauen, vergessen wurden,
oder dass ihre Kinder um Brot betteln mussten.
PSALM 37,25

Gott, von frühester Kindheit an warst du mein Lehrer,
und ich habe den anderen Menschen stets von deinen
herrlichen Taten erzählt. Nun, da ich alt und grau bin,
verlass mich nicht, o Gott. Lass mich von deiner Macht
auch der kommenden Generation noch erzählen
und von deiner Kraft allen, die nach mir kommen.
PSALM 71,17–18

Eine Anmerkung von Max

Das Älterwerden

Wenn die Wahrheit über das Leben einsickert, kommt Jesu Wahrheit an der Oberfläche zum Vorschein. Er nimmt uns bei der Hand und lässt nicht zu, dass wir die Fakten unter den Teppich kehren, sondern steht an unserer Seite, um uns damit zu konfrontieren.

Das Älterwerden? Ein notwendiger Vorgang auf dem Weg zu einer besseren Welt.

Der Tod? Nur ein kurzer Abschnitt, ein Tunnel. ... Beerdigungen, Scheidungen, Krankheiten, Krankenhausaufenthalte – Anlässe, bei denen man sich nichts über das Leben vormachen kann. Vielleicht ist Gott deshalb zu solchen Zeiten immer gegenwärtig.

Das nächste Mal, wenn Sie allein in einer dunklen Sackgasse stecken und mit dem Unausweichlichen im Leben konfrontiert werden, ... drehen Sie den Fernseher nicht lauter und tun Sie nicht, als wäre nichts. Stehen Sie stattdessen still, flüstern Sie seinen Namen und spitzen Sie die Ohren. Er ist näher, als Sie denken.

AUS »WEIL DER HIMMEL DIE ERDE BERÜHRTE«

Verheißungen zum Streben nach Macht

Hört auf, euch selbst zu betrügen.
Wer von euch sich in dieser Welt für weise hält,
der muss erst töricht werden,
damit er nach Gottes Maßstäben weise werden kann.
Denn die Weisheit dieser Welt ist in Gottes Augen Torheit.
In der Schrift heißt es: »Gott fängt diejenigen,
die sich für weise halten, mit ihrer eigenen Klugheit.«
1. KORINTHER 3,18–19

Denn wo Eifersucht und selbstsüchtiger Ehrgeiz
herrschen, führt das in die Zerstörung
und bewirkt alle möglichen schlechten Taten.
Aber die Weisheit, die von Gott kommt,
ist vor allem rein. Sie sucht den Frieden,
ist freundlich und bereit, nachzugeben.
Sie zeichnet sich durch Barmherzigkeit
und gute Taten aus.
Sie ist unparteiisch und immer aufrichtig.
JAKOBUS 3,16–17

Ihr alle sollt einander demütig dienen,
denn »Gott stellt sich den Stolzen entgegen,
den Demütigen aber schenkt er Gnade«!
Deshalb beugt euch demütig unter die Hand Gottes,
dann wird er euch ehren,
wenn die Zeit dafür gekommen ist.
1. PETRUS 5,5B–6

Eine Anmerkung von Max

Streben nach Macht

Wenn es um die Macht geht, herrscht Hauen und Stechen. Die meisten Menschen machen entweder bewusst mit oder werden mitgezogen.

Vielleicht kann ich den Unterschied zwischen dem Streben nach hervorragenden Leistungen und dem Streben nach Macht erklären. Der Wunsch nach hervorragenden Leistungen ist ein Geschenk Gottes, das in der Gesellschaft dringend gebraucht wird. Es ist geprägt von der Achtung vor Qualität und dem Willen, die Gaben Gottes so einzusetzen, wie es ihm gefällt.

Doch es herrscht ein himmelweiter Unterschied zwischen dem Wunsch, sein Bestes zu geben, um Gott zu verherrlichen, und der Absicht, alles zu tun, um sich selbst zu verherrlichen. Das Streben nach hervorragenden Leistungen ist ein Zeichen von Reife. Das Streben nach Macht ist kindisch.

Spielt es in tausend Jahren eine Rolle, welchen Titel Sie in der Welt erworben haben? Nein, aber dann ist es im wahrsten Sinne des Wortes »verdammt« wichtig, wessen Kind Sie sind.

AUS »THE APPLAUSE OF HEAVEN«

Verheißungen zu Minderwertigkeitsgefühlen

Du hast alles in mir geschaffen
und hast mich im Leib meiner Mutter geformt.
Ich danke dir, dass du mich so herrlich
und ausgezeichnet gemacht hast!
Wunderbar sind deine Werke, das weiß ich wohl.
PSALM 139,13–14

Nicht einmal ein Spatz, der doch kaum etwas wert ist,
kann tot zu Boden fallen, ohne dass euer Vater es weiß.
Selbst die Haare auf eurem Kopf sind alle gezählt.
Deshalb habt keine Angst;
ihr seid Gott kostbarer als ein ganzer Schwarm Spatzen.
MATTHÄUS 10,29–31

Folgt in allem Gottes Beispiel,
denn ihr seid seine geliebten Kinder.
Euer Leben soll von Liebe geprägt sein,
wie auch Christus uns geliebt hat,
denn er hat sich selbst als Gabe
und Opfer für unsere Sünden gegeben.
Und Gott hatte Gefallen an diesem Opfer,
das wie ein wohlriechender Duft zu ihm aufstieg.
EPHESER 5,1–2

Eine Anmerkung von Max

Minderwertigkeitsgefühle

Antonio Stradivari war ein Geigenbauer im siebzehnten Jahrhundert, dessen Name gleichbedeutend mit Spitzenqualität geworden ist. Er sagte einmal, er würde Gott bestehlen, wenn er eine Geige herstellen würde, ohne sein Bestes zu geben, weil Gott ohne Antonio Stradivari keine Stradivari-Geigen herstellen kann.

Er hatte recht. Ohne Antonio Stradivari konnte Gott keine Stradivari-Geigen herstellen. Dieser Handwerksmeister hatte Gaben, wie sie kein anderer Geigenbauer besaß.

In diesem Sinne gibt es Dinge, die nur Sie und sonst niemand tun kann. Vielleicht geht es darum, Kinder zu erziehen, Häuser zu bauen oder Entmutigte zu ermutigen. Es gibt Dinge, die nur Sie tun können, und Sie leben, um diese Dinge zu tun. In dem großen Orchester, das wir Leben nennen, haben Sie ein Instrument und eine Melodie, und Sie schulden es Gott, beides großartig zu spielen.

AUS »THE APPLAUSE OF HEAVEN«

Verheißungen zum Versuch, die Erlösung zu verdienen

Da wir nun durch den Glauben von Gott für gerecht
erklärt worden sind, haben wir Frieden mit Gott
durch das, was Jesus, unser Herr, für uns tat.
Christus hat uns durch den Glauben ein Leben
aus Gottes Gnade geschenkt, in der wir uns befinden,
und wir sehen voller Freude
der Herrlichkeit Gottes entgegen.
Römer 5,1–2

Der Gottlose soll seinen Weg verlassen
und der Übeltäter von seinen Plänen absehen!
Stattdessen soll er zum HERRN umkehren,
damit er sich seiner erbarmt.
Ja, bekehrt euch zu unserem Gott,
denn bei ihm ist viel Vergebung.
Jesaja 55,7

Und dies hat Gott versichert:
Er hat uns das ewige Leben geschenkt,
und dieses Leben ist in seinem Sohn.
Wer an den Sohn Gottes glaubt, hat das Leben;
wer aber an den Sohn Gottes nicht glaubt,
hat auch das Leben nicht.
1. Johannes 5,11–12

Eine Anmerkung von Max

Der Versuch, sich die Erlösung zu verdienen

Liebe ist zu vielem fähig. ... Christus hat die unbegrenzte Ewigkeit verlassen und nahm die Beschränkungen von Raum und Zeit auf sich, um einer von uns zu werden. Er war dazu nicht verpflichtet. Er hätte aufhören können. Bei jedem Schritt auf dem Weg hätte er umkehren können.

Als er die Größe der Gebärmutter sah, hätte er aufgeben können.

Als er sah, wie winzig seine Hände, wie schwach seine Stimme und wie hungrig sein Magen sein würden, hätte er alles abbrechen können. Nach der ersten Nase voll Stallgestank, beim ersten kalten Windstoß. Als er sich das erste Mal das Knie aufschlug oder Schnupfen hatte oder angebranntes Essen kostete, hätte er sich umdrehen und weggehen können.

Zu jedem Zeitpunkt hätte Jesus sagen können: »Schluss damit! Mir reicht's! Ich gehe nach Hause.« Aber er hat es nicht getan.

Er hat es nicht getan, weil er Liebe ist.

AUS »A LOVE WORTH GIVING«

Verheißungen zu Gottes Zielsetzung für dein Leben

»Meine Gedanken sind nicht eure Gedanken«,
sagt der HERR, »und meine Wege sind nicht eure Wege.
Denn so viel der Himmel höher ist als die Erde,
so viel höher stehen meine Wege über euren Wegen
und meine Gedanken über euren Gedanken.«
JESAJA 55,8–9

Hört auf, euch Sorgen zu machen um euer Essen
und Trinken oder um eure Kleidung.
Warum wollt ihr leben wie die Menschen,
die Gott nicht kennen und diese Dinge so wichtig nehmen?
Euer himmlischer Vater kennt eure Bedürfnisse.
Wenn ihr für ihn lebt und das Reich Gottes
zu eurem wichtigsten Anliegen macht,
wird er euch jeden Tag geben, was ihr braucht.
MATTHÄUS 6,31–33

Wenn wir untreu sind, bleibt er treu,
denn er kann sich selbst nicht verleugnen.
Doch Gottes Wahrheit steht fest wie ein Grundstein
mit folgender Inschrift: »Der Herr kennt die Seinen«
und: »Wer den Namen des Herrn nennt,
halte sich von Ungerechtigkeit fern.«
2. TIMOTHEUS 2,13.19

Eine Anmerkung von Max

Gottes Zielsetzung für dein Leben

Es ist leicht, Gott zu danken, wenn er tut, was wir wollen. Doch Gott tut nicht immer, was wir wollen. Fragen Sie Hiob.

Seine Welt brach zusammen, seine Kinder kamen um, und sein einst gesunder Körper wurde von schmerzenden Geschwüren entstellt.

Woher kam diese Lawine von Leid? Woher wird Hilfe kommen?

Hiob wendet sich direkt an Gott und legt seinen Fall dar. Sein Kopf tut weh, sein Körper schmerzt und sein Herz ist verletzt.

Gott antwortet. Nicht mit Antworten, sondern mit Fragen. Mit einer Menge Fragen. ...

Nach einigen Dutzend Fragen verschlägt es Hiob die Sprache. Er hat begriffen, worum es geht.

Er hat verstanden, dass Gott niemandem etwas schuldet. Keine Gründe, keine Erklärungen, nichts. Wir könnten sie sowieso nicht verstehen.
Gott ist Gott. Er weiß, was er tut.

AUS »THE INSPIRATIONAL STUDY BIBLE«

Verheißungen der Zusicherung

Verheißungen, dass Gott unsere Bedürfnisse trifft

Denn der HERR zerbricht die Macht der Gottlosen,
aber um die, die ihn lieben, kümmert er sich.
Der HERR sorgt täglich für die, die recht tun,
und was er ihnen gibt, gehört ihnen für immer.
Sie werden in schweren Zeiten nicht umkommen,
und selbst in Hungersnöten
werden sie mehr als genug haben.
PSALM 37,17–19

Was der Vater hat, gehört auch mir.
Ich versichere euch: Wenn ihr den Vater
in meinem Namen um etwas bittet,
wird er es euch geben.
Bisher habt ihr in meinem Namen
nichts von Gott erbeten.
Bittet ihn, und er wird es euch geben.
Dann wird eure Freude vollkommen sein.
JOHANNES 16,15.23B–24 (HFA)

Und mein Gott wird euch aus seinem großen Reichtum,
den wir in Christus Jesus haben,
alles geben, was ihr braucht.
PHILIPPER 4,19

Eine Anmerkung von Max

Gott trifft unsere Bedürfnisse

Gottes Treue war nie von der Treue seiner Kinder abhängig. Er ist treu, selbst wenn wir es nicht sind. Wenn uns der Mut fehlt, mangelt es ihm nicht daran. Seine Art, Menschen wider allen Erwartens zu benutzen, hat Geschichte gemacht.

Sie brauchen ein Beispiel? Nehmen wir die Speisung der Fünftausend. Es ist das einzige Wunder – abgesehen von den Wundern der letzten Woche Jesu –, das in allen vier Evangelien aufgezeichnet ist. Warum hielten alle vier Evangelisten es für erwähnenswert? ... Vielleicht wollten sie zeigen, dass Gott auch dann nicht aufgibt, wenn sein Volk es tut. ...

Als die Jünger nicht beteten, betete Jesus. Als die Jünger Gott nicht sahen, suchte Jesus Gott. Als die Jünger schwach waren, war Jesus stark. Als die Jünger keinen Glauben hatten, hatte Jesus Glauben. ...

Ich meine einfach, dass Gott größer ist als unsere Schwäche.

AUS »WIE DU GOTT GANZ VERTRAUEN KANNST«

Verheißungen, dass Gott möchte, dass Sie zu ihm gehören

Mit meiner Seele will ich den HERRN loben
und das Gute nicht vergessen, das er für mich tut.
Er vergibt mir alle meine Sünden
und heilt alle meine Krankheiten.
Er kauft mich vom Tode frei
und umgibt mich mit Liebe und Güte.

PSALM 103,2–4

Der HERR, dein starker Gott, der Retter, ist bei dir.
Begeistert freut er sich an dir.
Vor Liebe ist er sprachlos ergriffen
und jauchzt doch mit lauten Jubelrufen über dich.

ZEFANJA 3,17

Entscheidend ist es, Gottes Gebote zu halten.
Gott hat einen hohen Preis für euch bezahlt,
deshalb werdet nicht Sklaven von Menschen.

1. KORINTHER 7,19A.23

Eine Anmerkung von Max

Gott möchte, dass Sie zu ihm gehören

Bei all ihren Haken und Ösen hat die Bibel eine einfache Geschichte. Gott erschuf den Menschen. Der Mensch wies Gott zurück. Gott wird nicht aufgeben, bis er ihn zurückgewinnt. ...

Gott wird flüstern. Er wird schreien. Er wird uns berühren und uns am Ärmel zupfen. Er wird unsere Lasten wegnehmen; er wird sogar unsere Segnungen wegnehmen. Selbst wenn tausend Schritte zwischen ihm und uns liegen: er wird alle bis auf einen einzigen gehen. Doch diesen letzten Schritt wird er uns überlassen. Es liegt an uns.

Bitte verstehen Sie: Sein Ziel besteht nicht darin, Sie glücklich zu machen. Sein Ziel besteht darin, Sie zu dem oder der Seinen zu machen. Sein Ziel ist nicht, Ihnen zu geben, was Sie sich wünschen, sondern Sie mit dem zu versorgen, was Sie brauchen.

AUS »WIE DU GOTT GANZ VERTRAUEN KANNST«

Verheißungen zu Gottes beständiger Liebe

Gott, du bist mein Gott; dich suche ich von ganzem Herzen. Meine Seele dürstet nach dir,
mein ganzer Leib sehnt sich nach dir in diesem dürren, trockenen Land, in dem es kein Wasser gibt.
Deine Gnade bedeutet mir mehr als das Leben; dich preise ich von ganzem Herzen!

PSALM 63,2.4

HERR, du bist so gut und immer bereit zu vergeben, voller Gnade für alle, die dich um Hilfe bitten.

PSALM 86,5

Wirkliche Liebe ist frei von Angst. Ja, die Liebe vertreibt sogar die Angst. Wer sich also fürchtet und vor der Strafe zittert, der beweist damit nur, dass er wirkliche Liebe noch nicht kennt. Wir wollen lieben, weil Gott uns zuerst geliebt hat.

1. JOHANNES 4,18–19 (HFA)

Eine Anmerkung von Max

Gottes beständige Liebe

»Gott ist Liebe« (1. Johannes 4,16). Diese kurze Aussage in diesem Abschnitt weist auf die gewaltige Überraschung von Gottes Liebe hin – sie hat nichts mit uns zu tun. Andere lieben uns um unseretwillen, weil wir Grübchen haben, wenn wir lächeln, oder weil wir charmante Worte finden, wenn wir es darauf anlegen. Manche Menschen lieben uns um unseretwillen. Bei Gott ist es anders. Er liebt uns, weil er er ist. Er liebt uns, weil er es so beschlossen hat. Seine immer gleichbleibende, spontane Liebe hat keine Ursache, sie hängt von seiner Entscheidung ab. ...

Man kann Gottes Liebe nicht beeinflussen. Man kann auf das Baumsein des Baumes, das Himmelsein des Himmels und das Felssein des Felsens keinen Einfluss ausüben. Und man kann auch die Liebe Gottes nicht beeinflussen. ... Wenn unsere Taten seine Hingabe ändern würden, dann wäre Gott nicht Liebe. Dann wäre er menschlich, denn so ist menschliche Liebe.

AUS »STILLE DEINEN DURST«

Verheißungen, dass Gott bittet

»Kommt alle her zu mir,
die ihr müde seid und schwere Lasten tragt,
ich will euch Ruhe schenken.«
MATTHÄUS 11,28

»Dann lasst uns doch miteinander rechten«,
sagt der HERR.
»Selbst wenn eure Sünden scharlachrot sind,
sollen sie schneeweiß werden.
Eure Sünden mögen blutrot sein,
doch sie sollen werden wie Wolle.«
JESAJA 1,18

»Wenn jemand Durst hat,
soll er zu mir kommen und trinken!
Wer an mich glaubt,
aus dessen Inneren werden Ströme lebendigen Wassers
fließen, wie es in der Schrift heißt.«
JOHANNES 7,37–38

Eine Anmerkung von Max

Gott bittet

Wenn man in der Bibel liest, stößt man unweigerlich immer wieder darauf, dass Gott bittet. Er bittet Eva, Adam zu heiraten, er bittet die Tiere in die Arche, er bittet David, König zu werden, Israel, die Sklaverei zu verlassen, Nehemia, Jerusalem wieder aufzubauen.

Gott ist ein bittender, einladender Gott. Er bat Maria, seinen Sohn zur Welt zu bringen, die Jünger, Menschen zu fischen, die Ehebrecherin, wieder bei Null anzufangen und Thomas, seine Wunden zu berühren. Gott ist der König, der den Palast vorbereitet, den Tisch deckt und seine Untertanen hereinbittet. ...

Gott ist ein Gott, der bittet, der einlädt, der ruft. Gott ist ein Gott, der die Tür öffnet und Pilger hereinwinkt, damit sie an dem gedeckten Tisch Platz nehmen.

Seine Einladung gilt nicht nur für ein Essen, sondern fürs Leben. Er bittet Menschen, in sein Königreich zu kommen und in einer Welt ohne Tränen, ohne Tod und ohne Schmerzen Wohnung zu nehmen. Wer kann kommen? Alle, die wollen.

AUS »AND THE ANGELS WERE SILENT«

Verheißungen, dass Gott souverän ist

Unser Gott ist im Himmel,
und er tut alles, was er will.
PSALM 115,3

Ja, von jeher bin ich derselbe,
und niemand kann aus meiner Hand erretten.
Ich wirke – wer will es abwenden?
JESAJA 43,13 (SLT)

... Was ich plane, steht fest.
Alles, was mir gefällt, führe ich auch aus.
JESAJA 46,10

... denn was Gott einmal beschlossen hat,
das führt er auch aus.
EPHESER 1,11 (HFA)

Eine Anmerkung von Max

Gott ist souverän

Können wir von Gott sagen ...:
»Ich weiß, dass Gott weiß, was das Beste ist.
Ich weiß, dass ich es nicht weiß.

Ich weiß, dass er sich der Sache persönlich annimmt. ...«?

Wenn Sie diese Fragen mit Ja beantworten können, gehören Sie zu den Fortgeschrittenen in der Klasse, in der Gottes Souveränität unterrichtet wird. Wer sich zu Gottes Souveränität bekennt, erkennt an, dass Gott regiert, dass er die Autorität eines Königs hat und bei allem, was geschieht, sein Vetorecht geltend machen kann. Wer Gottes Souveränität annimmt, trinkt aus seinem Brunnen. ... Dieser Mensch schaut auf den Kapitän und beschließt: Er weiß, was das Beste ist.

AUS »STILLE DEINEN DURST«

Verheißungen, dass Gott Bescheidenheit schätzt

Diejenigen jedoch, die sich über die anderen stellen,
werden gedemütigt werden, und die,
die demütig sind, werden erhöht.
MATTHÄUS 23,12

Seid freundlich und demütig, geduldig im Umgang
miteinander. Ertragt einander voller Liebe.
Bemüht euch, im Geist eins zu sein,
indem ihr untereinander Frieden haltet.
EPHESER 4,2–3

Gott stellt sich den Stolzen entgegen,
den Demütigen aber schenkt er Gnade.
JAKOBUS 4,6B

Dann sagte [Jesus]: »Ich versichere euch:
Wenn ihr nicht umkehrt und werdet wie die Kinder,
werdet ihr nie ins Himmelreich kommen.
Deshalb: Wer so gering wird wie dieses Kind,
der ist der Größte im Himmelreich.«
MATTHÄUS 18,3–4

Eine Anmerkung von Max

Gott schätzt Bescheidenheit

Ist Jesus nicht unser Vorbild? Er gab sich damit zufrieden, als Zimmermann bekannt zu sein. Er diente seinen Jüngern, indem er ihnen die Füße wusch. Er dient auch uns. Jeden Morgen beschenkt er uns mit Schönheit. Jeden Sonntag ruft er uns zu seinem Tisch. Jeden Augenblick wohnt er in unserem Herzen. Und spricht er nicht von dem Tag, an dem er als Herr sich die Schürze umbinden wird, seine Diener am Tisch Platz nehmen lässt und sie bedient (Lukas 12,37)?

Wenn Jesus uns so bereitwillig ehrt, dann können wir das doch auch für andere tun: Menschen Vorrang einräumen, unseren Anteil an Gottes Plan übernehmen, nicht mit Beifall sparen. Und vor allem: andere wichtiger als uns selbst nehmen.

AUS »A LOVE WORTH GIVING«

Verheißungen, dass Gott Ausdauer segnet

Deshalb werdet nicht müde zu tun, was gut ist.
Lasst euch nicht entmutigen und gebt nie auf,
denn zur gegebenen Zeit werden wir
auch den entsprechenden Segen ernten.
GALATER 6,9

Liebe Brüder, wenn in schwierigen Situationen
euer Glaube geprüft wird, dann freut euch darüber.
Denn wenn ihr euch darin bewährt,
wächst eure Geduld.
JAKOBUS 1,2–3

Aber wer bis zum Ende durchhält,
wird gerettet werden.
MATTHÄUS 10,22B

Eine Anmerkung von Max

Gott segnet Ausdauer

Möchten Sie gerade am liebsten aufgeben? Tun Sie es nicht. Möchten Sie als Vater oder Mutter das Handtuch werfen? Halten Sie aus. Sind Sie es leid, Gutes zu tun? Tun Sie noch ein bisschen mehr. Möchten Sie Ihre Arbeit aufgeben? Krempeln Sie die Ärmel hoch und machen Sie weiter. Ihr Ehepartner und Sie schweigen sich nur noch an? Machen Sie noch einen Versuch. Sie können der Versuchung nicht widerstehen? Nehmen Sie Gottes Vergebung an und kämpfen Sie weiter. Ist Ihr Tag eine einzige Kette von Niederlagen und Enttäuschungen? Heißt bei Ihnen das Wort »morgen« allmählich »nie«? Wissen Sie nicht mehr, wie man »Hoffnung« buchstabiert?

Bedenken Sie: Der Mensch, der durchhält, ist nicht jemand, der keine Wunden und keine Erschöpfung kennt. Ganz im Gegenteil, er blutet und hat blaue Flecken, wie der Boxer. ...

Das Land der Verheißung, sagt Jesus, wartet auf all die, die durchhalten (vgl. Matthäus 10,22). Es ist nicht nur für die da, die die Ehrenrunde fahren oder den Siegerchampagner trinken. Nein, das verheißene Land ist für alle da, die bis zum Ende weitergemacht haben.

AUS »STAUNEN ÜBER DEN ERLÖSER«

Verheißungen, dass Gott Rechtschaffenheit ehrt

Der weise Mensch ist vorausschauend
und rechnet mit dem, was kommt,
die Narren aber betrügen sich selbst.
Die Narren nehmen ihre Schuld nicht ernst
und spotten darüber, die Gottesfürchtigen
aber gestehen sie ein und suchen Versöhnung.
SPRÜCHE 14,8–9

Gott schenkt demjenigen, der ihm gefällt,
Weisheit, Erkenntnis und Freude.
Doch wer sich nicht um Gott kümmert,
den lässt er sich mühen, um Güter zu sammeln
und Besitz anzuhäufen – um ihm dann seinen Reichtum
fortzunehmen und denen zu geben,
an denen er Freude hat.
Dann war seine ganze Mühe sinnlos
und gleicht dem Versuch, den Wind einzufangen.
PREDIGER 2,26

Liebe Brüder, in dieser Welt
seid ihr ohne Bürgerrecht und Fremde.
Deshalb warne ich euch:
Lasst euch nicht von den Versuchungen
dieser Welt bestimmen,
denn sie schaden eurer Seele.
1. PETRUS 2,11

Eine Anmerkung von Max

Gott ehrt Rechtschaffenheit

Nur die Heiligen werden Gott sehen. Heiligkeit ist die Vorbedingung für den Himmel. Vollkommenheit ist eine Voraussetzung für die Ewigkeit. Wir wollten, es wäre nicht so. Wir handeln, als wäre es nicht so. Wir handeln, als ob die »Anständigen« Gott sehen werden. Wir meinen, dass Menschen, die sich große Mühe geben, Gott sehen werden. Wir handeln, als ob wir gut wären, wenn wir nie etwas Schlechtes tun. Und als ob dieses Gutsein als Eintrittskarte für den Himmel genügt.

Für uns klingt das richtig, doch nicht für Gott. Er setzt den Maßstab. Und er verlangt viel: »Ihr sollt aber vollkommen sein, so wie euer Vater im Himmel vollkommen ist« (Matthäus 5,48).

In Gottes Plan ist Gott der Maßstab für Vollkommenheit. Wir werden nicht mit anderen verglichen, denn sie sind genauso erbärmlich wie wir. Das Ziel ist, ihm gleich zu sein; alles andere ist ungenügend.

AUS »HE STILL MOVES STONES«

Verheißungen
zum
Christenleben

Verheißungen zu Sünde

Die Sünde kam durch einen einzigen Menschen
in die Welt – Adam. Als Folge davon kam der Tod,
und der Tod ergriff alle, weil alle sündigten.
Weil ein Mensch Gott ungehorsam war,
wurden viele Menschen zu Sündern.
Doch weil ein anderer Mensch Gott gehorchte,
werden viele Menschen in Gottes Augen gerechtfertigt.
RÖMER 5,12.19

Denn Gott machte Christus, der nie gesündigt hat,
zum Opfer für unsere Sünden,
damit wir durch ihn vor Gott
gerechtfertigt werden können.
2. KORINTHER 5,21

Auch Christus hat gelitten,
als er ein für alle Mal für unsere Sünden starb.
Er hat nie gesündigt, aber er starb für die Sünder,
um uns zu Gott zurückzubringen.
Sein Körper starb, doch er wurde wieder zum Leben
erweckt und lebt nun im Geist.
1. PETRUS 3,18

Eine Anmerkung von Max

Sünde

Nicht die Römer schlugen Jesus ans Kreuz. Nicht die Nägel hielten Jesus am Kreuz fest. Was ihn am Kreuz festhielt, war seine Überzeugung, dass es erforderlich ist, dass er zur Sünde wird – dass er, der Reine, zur Sünde wird. Dass der Zorn Gottes ausgegossen wird, aber nicht auf die Schöpfung, sondern auf den Schöpfer.

Als der Eine, der keine Sünde kannte, für uns zur Sünde wurde, als der Sündlose mit allen Sünden der Welt bedeckt wurde, hat Gott nicht sein Heer von Engeln geschickt, um ihn zu retten. Er hat es nicht getan, weil er wusste, dass er lieber seinen Sohn aufgibt, als uns fallen zu lassen.

Es ist nicht zu spät, gleichgültig, was Sie getan haben. Es ist nicht zu spät, gleichgültig, wie tief Sie gefallen sind. Es macht nichts, wie tief Ihre Schuld ist; es ist nicht zu spät zu graben, diese Schuld ans Tageslicht zu bringen und sie dann loszulassen – und frei zu sein.

Nicht Vollkommenheit macht einen Christen aus, sondern Vergebung.

AUS »WALKING WITH THE SAVIOR«

Verheißungen zur Rettung

Denn alle Menschen haben gesündigt
und das Leben in der Herrlichkeit Gottes verloren.
Doch Gott erklärt uns aus Gnade für gerecht.
Es ist sein Geschenk an uns durch Jesus Christus,
der uns von unserer Schuld befreit hat.
RÖMER 3,23–24

Und wenn jemand sündigt, so haben wir einen
Fürsprecher bei dem Vater, Jesus Christus, den Gerechten;
und er ist das Sühnopfer für unsere Sünden,
aber nicht nur für die unseren,
sondern auch für die der ganzen Welt.
1. JOHANNES 2,1B–2 (SLT)

Gott sandte seinen Sohn nicht in die Welt,
um sie zu verurteilen,
sondern um sie durch seinen Sohn zu retten.
Und alle, die an den Sohn Gottes glauben,
haben das ewige Leben.
Doch die, die dem Sohn nicht gehorchen,
werden das ewige Leben nie erfahren,
sondern der Zorn Gottes liegt weiterhin auf ihnen.
JOHANNES 3,17.36

Eine Anmerkung von Max

Rettung

Charing Cross ist ein Orientierungspunkt in London. Dieser Stadtteil liegt nahezu im geografischen Mittelpunkt der Stadt und dient den Menschen als Orientierungshilfe, die sich in den Straßen nicht mehr zurechtfinden.

Ein kleines Mädchen verlief sich in der großen Stadt. Ein Polizist fand es. Weinend und schluchzend erklärte die Kleine, dass sie nicht mehr nach Hause finde. Er fragte sie nach ihrer Adresse. Sie wusste sie nicht. Er fragte nach ihrer Telefonnummer. Sie wusste sie auch nicht. Doch als er sie fragte, was sie denn weiß, erhellte sich ihr Gesicht.

»Ich kenne das Kreuz (engl. Cross)«, sagte sie. »Zeige mir das Kreuz, von dort aus finde ich nach Hause.«

Das gilt auch für Sie. Richten Sie Ihren Blick fest auf das Kreuz. Dann finden Sie den Weg nach Hause.

AUS »AND THE ANGELS WERE SILENT«

Verheißungen zu Buße

Doch endlich gestand ich dir meine Sünde
und gab es auf, sie zu verbergen. Ich sagte:
»Ich will dem HERRN meine Auflehnung bekennen.«
Und du hast mir vergeben
und meine Schuld weggenommen!
PSALM 32,5

Kehrt euch ab von euren Sünden
und wendet euch Gott zu.
Lasst euch alle taufen im Namen von Jesus Christus
zur Vergebung eurer Sünden.
Dann werdet ihr die Gabe
des Heiligen Geistes empfangen.
APOSTELGESCHICHTE 2,38

Ich sage euch:
So wird man sich auch im Himmel freuen
über einen Sünder, der zu Gott umkehrt –
mehr als über neunundneunzig andere,
die nach Gottes Willen leben
und nicht zu ihm umkehren müssen.
LUKAS 15,7 (SLT)

Eine Anmerkung von Max

Buße

»Wenn wir unsere Sünden bekennen ...« Das wichtigste Wort in der Bibel ist möglicherweise dieses kurze Wort: wenn. Denn das Bekennen der Sünden – das Zugeben von Versagen – ist genau das, was Menschen, die im Stolz gefangen sind, ablehnen.

»Ich ein Sünder? Ich bin vielleicht hin und wieder etwas rüpelhaft, aber eigentlich bin ich ein ganz anständiger Mensch.«

»Hör zu, ich bin nicht schlechter als die anderen. Ich zahle meine Steuern. ...«

Rechtfertigungen, moralische Mäntelchen, Vergleiche. ... Das klingt alles gut. Es klingt bekannt. Es klingt nach einem guten deutschen Bürger. Aber im Reich Gottes klingt es hohl. ...

Wenn Sie über Ihre Sünden verzweifelt sind, wenn Sie zugeben, dass Sie keine andere Wahl haben ... dann werfen Sie alle Ihre Sorge auf ihn. Er wartet schon darauf.

AUS »THE APPLAUSE OF HEAVEN«

Verheißungen zum ewigen Leben

Ich versichere euch:
Wer an mich glaubt,
hat schon das ewige Leben.
JOHANNES 6,47

Euer neues Leben hat keinen vergänglichen,
sondern ewigen Ursprung,
nämlich das lebendige
und ewig bestehende Wort Gottes.
1. PETRUS 1,23

Entschließt euch, den HERRN, euren Gott,
zu lieben, ihm zu gehorchen
und euch ihm ganz anzuvertrauen,
denn er ist euer Leben.
5. MOSE 30,20A

Eine Anmerkung von Max

Ewiges Leben

Unsere Aufgabe auf der Erde ist einzigartig: Wir müssen unsere ewige Heimat aussuchen. Man kann sich viele falsche Entscheidungen im Leben erlauben. Man kann sich für den falschen Beruf, für die falsche Stadt oder für das falsche Haus entscheiden und trotzdem überleben. Man kann sich sogar für den falschen Ehepartner entscheiden und überleben. Aber es gibt eine Entscheidung, die richtig getroffen werden muss, und das ist unser Leben in der Ewigkeit.

Wir haben die Freiheit, Gott zu lieben oder nicht. Er bittet um unsere Liebe. Er fleht um unsere Liebe. Er ist auf die Erde gekommen, damit wir ihn lieben. Aber letztendlich liegt die Entscheidung bei Ihnen und mir. Würde er uns diese Entscheidung abnehmen, würde er uns zwingen, ihn zu lieben, dann wäre es keine Liebe. ...

Die Entscheidung überlässt er uns.

AUS »AND THE ANGELS WERE SILENT«

Verheißungen zu Heiligung

Wenn du dich von deiner menschlichen Natur bestimmen lässt, führt das zum Tod. Doch wenn der Heilige Geist dich bestimmt, bedeutet das Leben und Frieden. Denn die menschliche Natur steht Gott grundsätzlich feindlich gegenüber. Sie hat sich nicht dem Gesetz Gottes unterstellt und wird es auch nicht können. Deshalb können Menschen, die noch von ihrer menschlichen Natur beherrscht werden, Gott niemals gefallen.
RÖMER 8,6–8

Von uns allen wurde der Schleier weggenommen, sodass wir die Herrlichkeit des Herrn wie in einem Spiegel sehen können. Und der Geist des Herrn wirkt in uns, sodass wir ihm immer ähnlicher werden und immer stärker seine Herrlichkeit widerspiegeln.
2. KORINTHER 3,18

Wisst ihr nicht, dass Menschen, die Unrecht tun, keinen Anteil am Reich Gottes erhalten werden? Früher traf dies auf einige von euch zu, doch jetzt sind eure Sünden abgewaschen und ihr seid für Gott ausgesondert worden. Ihr wurdet vor Gott gerecht gesprochen durch den Namen von Jesus Christus, dem Herrn, und durch den Geist Gottes.
1. KORINTHER 6,9A.11

Eine Anmerkung von Max

Heiligung

Ich frage mich, ob Jesus nicht unwillkürlich lächeln muss, wenn er sieht, wie seine verlorenen Schafe sich aus allen Richtungen dem Pferch nähern – die geschlagenen, zerbrochenen, schmutzigen Schafe, die an der Tür stehen und den Hirten anschauen und fragen: »Darf ich hinein? Ich verdiene es nicht, aber ist in deinem Reich noch Platz für mich?« Der Hirte schaut auf die Schafe und sagt: »Kommt herein. Hier ist euer Zuhause.«

Die Rettung ist abgeschlossen, sie ist sicher, und niemand kann sie Ihnen nehmen. Aber die Heiligung ist ein lebenslanger Prozess, bei dem ein Mensch von einer Stufe der Herrlichkeit zur nächsten verändert wird. Ein Prozess, bei dem er in Christus wächst, das Alte ablegt und das Neue anlegt.

Der Psalmist David würde uns erklären, dass die Erlösten das so sagen werden. Wenn wir das nicht so sagen, dann haben wir vielleicht vergessen, wie es ist, erlöst zu sein. Mögen alle Erlösten auf der Welt dies sagen!

AUS »WALKING WITH THE SAVIOR«

Verheißungen zu Gottes Plan

»Ich habe dich schon immer geliebt.
Deshalb habe ich dir meine Zuneigung
so lange bewahrt.«
JEREMIA 31,3

Er selbst erlöste sie,
weil er sie liebte und Mitleid mit ihnen hatte.
JESAJA 63,9C

Wir aber hören nicht auf, Gott für euch zu danken,
liebe Freunde, denn ihr seid von Gott geliebt.
Wir sind dankbar, dass er euch erwählt hat
und dass ihr zu den Ersten gehören dürft,
die gerettet werden. Eure Rettung kommt durch den
Heiligen Geist, der euch Jesus immer ähnlicher werden
lässt, und euren Glauben an die Wahrheit.
2. THESSALONICHER 2,13

Eine Anmerkung von Max

Gottes Plan

Jesu Tod war nicht die Folge einer Panikreaktion des Meisters des Kosmos. Das Kreuz war kein tragischer Unglücksfall. Golgatha war keine reflexartige Reaktion auf eine Welt, die ins Verderben stürzt. Es war auch keine Flickarbeit oder Notlösung. Der Tod des Sohnes Gottes war alles andere als eine unvorhersehbare Gefahr.

Er war Teil eines Plans. Es war eine bewusste Entscheidung. »Doch es war der Wille des HERRN. Er musste leiden und blutig geschlagen werden« (Jesaja 53,10 HFA). Das Kreuz wurde in den ursprünglichen Plan einkalkuliert. Es stand im Drehbuch. Als die verbotene Frucht die Lippen Evas berührte, tauchte der Schatten des Kreuzes am Horizont auf. Zwischen jener Begebenheit und dem Augenblick, als der Mann mit dem Hammer den Nagel am Handgelenk Gottes ansetzte, wurde ein souveräner Ratschluss erfüllt.

AUS »WEIL DER HIMMEL DIE ERDE BERÜHRTE«

Verheißungen zu einem Leben wie Christus

Ihr seid das Licht der Welt.
Wie eine Stadt auf einem Berg,
die in der Nacht hell erstrahlt,
damit alle es sehen können.
Versteckt euer Licht nicht
unter einem umgestülpten Gefäß!
Stellt es lieber auf einen Lampenständer
und lasst es für alle leuchten.
Und genauso lasst eure guten Taten leuchten
vor den Menschen, damit alle sie sehen können
und euren Vater im Himmel dafür rühmen.
MATTHÄUS 5,14–16

Auf diese Weise sollen wir alle im Glauben eins werden
und den Sohn Gottes immer besser kennenlernen,
sodass unser Glaube zur vollen Reife gelangt
und wir ganz von Christus erfüllt sind.
EPHESER 4,13

Wenn jemand redet, dann rede er so,
als würde Gott selbst durch ihn sprechen.
Wenn sich jemand für andere einsetzt,
dann setze er sich mit all der Kraft und Energie ein,
die Gott ihm gibt. Dann wird Gott
in allem durch Jesus Christus verherrlicht werden.
Alle Ehre und Macht gehören für immer und ewig ihm!
1. PETRUS 4,11

Eine Anmerkung von Max

Leben wie Christus

Heilige Freude ist die gute Nachricht, die durch die Hintertür in Ihr Herz schlüpft. Davon haben Sie immer geträumt, aber nie wirklich damit gerechnet.

Diese Freude ist heilig, weil nur Gott sie schenken kann. Sie ist ein wahres Glücksgefühl.

Diese heilige Freude verspricht Jesus in der Bergpredigt.

Und er verspricht sie einer merkwürdigen Schar:

»Den Armen im Geist ... Den Trauernden ... Den Bescheidenen ... Den Hungrigen und Dürstenden ... Den Barmherzigen ... Denen, die ein reines Herz haben ... Den Friedenstiftern ... Den Verfolgten ...« (vgl. Matthäus 5,3–11)

Dieser Ansammlung von Pilgern verspricht Gott ein besonderes Geschenk: Eine himmlische, eine heilige Freude.

AUS »THE APPLAUSE OF HEAVEN«

Verheißungen zum Leib Christi

So wie unser Leib aus vielen Gliedern besteht
und diese Glieder einen Leib bilden,
so besteht auch die Gemeinde Christi
aus vielen Gliedern und ist doch ein einziger Leib.
Wir haben alle denselben Geist empfangen
und gehören durch die Taufe
zu dem einen Leib Christi. ...
1. KORINTHER 12,12–13 (HFA)

Gebt den Worten von Christus viel Raum
in euren Herzen. Gebraucht seine Worte weise,
um einander zu lehren und zu ermahnen.
Singt Gott aus ganzem Herzen Psalmen, Lobgesänge
und geistliche Lieder. Doch alles,
was auch immer ihr tut oder sagt,
soll im Namen von Jesus, dem Herrn, geschehen,
durch den ihr Gott, dem Vater, danken sollt!
KOLOSSER 3,16–17

Ihr aber seid ein von Gott auserwähltes Volk,
seine königlichen Priester, ihr gehört ganz zu ihm
und seid sein Eigentum.
Deshalb sollt ihr die großen Taten Gottes verkünden,
der euch aus der Finsternis befreit
und in sein wunderbares Licht geführt hat.
1. PETRUS 2,9 (HFA)

Eine Anmerkung von Max

Der Leib Christi

Im dritten Jahrhundert schrieb Cyprian an einen Freund namens Donatus:

Diese Welt scheint erfreulich zu sein, Donatus, wenn ich sie von diesem hübschen Garten aus betrachte. ... Würde ich aber auf einen höheren Berg steigen und um mich schauen ... nun, du weißt sehr wohl, was ich sehen würde: Banditen auf den Landstraßen, Piraten auf den Meeren, Menschen, die in Amphitheatern zum Zeitvertreib der applaudierenden Massen hingemordet werden. ...

Doch mitten unter dem allen habe ich ein stilles und heiliges Volk gefunden. ... Sie werden verachtet und verfolgt, aber das kümmert sie nicht. Sie haben die Welt überwunden. Diese Menschen, Donatus, sind Christen. ...

Welches Kompliment. Ein stilles und heiliges Volk. ...

Still. ... Nicht unausstehlich. Nicht prahlerisch. Nicht anspruchsvoll. Einfach still. ...

Heilig. ... Abgesondert. Rein. Anständig. Ehrlich. Wohltuend.

AUS »THE STUDY BIBLE«

Verheißungen zum Himmel

Der HERR hat den Himmel zu seinem Thron gemacht,
von dort herrscht er über alles.
PSALM 103,19

Denn ihr glaubt an die Hoffnung,
die der Himmel für euch bereithält,
wie ihr sie durch das Wort der Botschaft Gottes
gehört habt. Diese gute Botschaft,
die euch erreicht hat,
verbreitet sich in der ganzen Welt.
KOLOSSER 1,5–6A

Gott segnet euch, wenn ihr verspottet und verfolgt werdet
und wenn Lügen über euch verbreitet werden,
weil ihr mir nachfolgt.
Freut euch darüber! Jubelt!
Denn im Himmel erwartet euch eine große Belohnung.
Und denkt daran,
auch die Propheten sind einst verfolgt worden.
MATTHÄUS 5,11–12

Eine Anmerkung von Max

Der Himmel

»Ich werde für immer im Hause des HERRN wohnen« (Psalm 23,6).

Wo werden Sie für immer leben? Im Hause des Herrn. Wenn dieses Haus Ihr »Haus für immer« ist, was ist dann Ihr irdisches Haus? Sie haben es verstanden! Eine vorläufige Unterkunft. Wir sind hier nicht zu Hause. »Aber unsere Heimat ist der Himmel« (Philipper 3,20).

Meine Freunde Jeff und Carol haben vor Kurzem zwei kleine Kinder adoptiert. Christopher, der Ältere, ist erst drei Jahre alt. Doch er kennt den Unterschied zwischen Jeffs Haus und dem Kinderheim, aus dem er kam. Er erzählt allen Besuchern: »Das ist mein Haus für immer.«

Wäre es nicht toll, wenn wir das Gleiche sagen können?

AUS »TRAVELING LIGHT«

Dank

Mein Dank gilt den folgenden Verlagen, die den Nachdruck dieses urheberrechtlich geschützten Materials genehmigten. Alle Urheberrechte stehen ausschließlich Max Lucado, dem Autor, zu.

Lucado, Max: THE APPLAUSE OF HEAVEN (Nashville: W. Publishing Group, 1990)
- HE STILL MOVES STONES (Nashville: W. Publishing Group, 1993)
- WALKING WITH THE SAVIOR (Tyndale House Publishers, 1996)
- WENN GOTT DICH SANFT BEIM NAMEN RUFT (Wuppertal: One-Way Verlag; Neuhausen-Stuttgart: Hänssler-Verlag, 1997)
- WIE DU GOTT GANZ VERTRAUEN KANNST (Neuhausen-Stuttgart: Hänssler-Verlag; Wuppertal und Lutherstadt Wittenberg: One Way Verlag GmbH, 1998)
- RUHE IM STURM. EIN STRESSIGER TAG IM LEBEN VON JESUS (Holzgerlingen: Hänssler Verlag, 2004)
- STILLE DEINEN DURST (Holzgerlingen: Hänssler Verlag, 2005)

Max Lucado, Herausgeber: THE INSPIRATIONAL STUDY BIBLE (Nashville: W. Publishing Group, 1995)
- WEIL DER HIMMEL DIE ERDE BERÜHRTE (Wuppertal und Lutherstadt Wittenberg: One-Way Verlag; Holzgerlingen: Hänssler Verlag, 1999)

- TRAVELING LIGHT
  (Nashville: W. Publishing Group, 2000)
- A LOVE WORTH GIVING
  (Nashville: Thomas Nelson, 2002)
- SIX HOURS ONE FRIDAY
  (Nashville: W. Publishing Group, 2003)
- AND THE ANGELS WERE SILENT
  (Nashville: W. Publishing Group, 2003)
- STAUNEN ÜBER DEN ERLÖSER
  (Holzgerlingen: Hänssler Verlag im SCM-Verlag GmbH & Co. KG, 2008)